IMBOLC

Los ocho Sabbats

IMBOLC

*Rituales, recetas y tradiciones para
el tiempo de la Candelaria*

Carl F. Neal

Traducción de Miguel Trujillo Fernández

TRANSLATED FROM *Imbolc: Rituals, Recipes and Lore for Brigid's Day*
© 2015, Carl F. Neal
Published by Lewellyn Publications
Woodbury, MN, 55125, USA
www.lewellyn.com

© Carl F. Neal, 2023
© TRADUCCIÓN: Miguel Trujillo Fernández
© EDITORIAL ALMUZARA, S. L., 2023

Primera edición: enero, 2023

EDITORIAL ARCOPRESS • COLECCIÓN LOS OCHO SABBATS
Edición: Pilar Pimentel
Corrección y maquetación: Helena Montané

www.arcopress.com
Síguenos en @arcopresslibros

Editorial Almuzara
Parque Logístico de Córdoba. Ctra. Palma del Río, km 4
C/8, Nave L2, nº 3, 14005 - Córdoba

Imprime Romanyà Valls
ISBN 978-84-11314-78-7
Depósito legal: CO-2115-2022
Hecho e impreso en España - *Made and printed in Spain*

Índice

from sleep, cleansing, sprouting seeds, fertility, transitions,
on, rebirth, transformation, youth, well-being, emergence, aw...
...cal midpoint between the winter solstice and the vernal eq...
15 degrees of aquarius in northern hemisphere, sun at 15
...orthern hemisphere, female: the goddess transforming from ...
the goddess in the form of young mother tending to her gro...
...d in the form of a child exploring the world, the innocence ...
...e, Brigid, Aphrodite, Diana, Arianrhod, Artio, Athen...
...Inanna, Juno, Selene, Vesta, Gefn, Februus, Braga, C...
...Cocht, Dumuzi, Eros, light green: abundance, growth, fer...
calming, new beginnings and prosperity, pink: harmony, te...
...on, love, spiritual healing, virtue, spring, honor, contentment,
...peace, protection, healing, truth, divination, purification, c...
...vitality, creativity, communication, the sun, glowing, psy...
...angelica: balance, new beginnings, consecration, insight, pu...
...success, basil: clarity, divination, love, money, protection,
...ckberry: growth, attachments, fertility, intuition, prosperity
...namon: balance, blessings, courage, protection, purification,

LOS OCHO SABBATS

La colección *Los ocho sabbats* proporciona instrucciones e inspiración para honrar cada uno de los sabbats de la brujería moderna. Cada título de esta serie de ocho volúmenes está repleto de hechizos, rituales, meditaciones, historia, sabiduría popular, invocaciones, adivinaciones, recetas, artesanía y mucho más. Son libros que exploran tanto las tradiciones antiguas como las modernas, a la hora de celebrar los ritos estacionales, que son las verdaderas piedras angulares del año de la bruja.

Hoy en día, los wiccanos y muchos neopaganos (paganos modernos) celebran ocho sabbats, es decir, festividades; ocho días sagrados que juntos componen lo que se conoce como la Rueda del Año, o el ciclo de los sabbats. Cada uno de los cuales se corresponde con un punto de inflexión importante en el viaje anual de la naturaleza a través de las estaciones.

Dedicar nuestra atención a la Rueda del Año nos permite sintonizar mejor con los ciclos energéticos de la naturaleza y escuchar lo que esta nos está susurrando (¡o gritando!), en lugar de ir en contra de las mareas estacionales. ¿Qué mejor momento para el comienzo de nuevos proyectos que la primavera, cuando la tierra vuelve a despertar después de un largo invierno y, de pronto, todo comienza a florecer, a crecer y a brotar del suelo otra vez? Y, ¿acaso hay una mejor ocasión para meditar y planificar que durante el letargo introspectivo del invierno? Con la colección *Los ocho sabbats* aprenderás a centrarte en los aspectos espirituales de la Rueda del Año, a cómo transitar por ella en armonía, y celebrar tu propio crecimiento y tus logros. Tal vez, este sea tu primer libro sobre Wicca, brujería o paganismo, o la incorporación más reciente a una librería (digital o física) ya repleta de conocimiento mágico. En cualquier caso, esperamos que encuentres aquí algo de valor que puedas llevarte contigo en tu viaje.

Haz un viaje a través de la Rueda del Año

Cada uno de los ocho sabbats marca un punto importante de los ciclos anuales de la naturaleza. Se representan como ocho radios situados de forma equidistante en una rueda que representa el año completo; las fechas en las que caen también están situadas de forma casi equidistante en el calendario.

La Rueda está compuesta por dos grupos, cada uno de cuatro festividades. Hay cuatro festivales solares relacionados con la posición del sol en el cielo, que dividen el año en cuartos: el equinoccio de primavera, el solsticio de verano, el equinoccio de otoño y el solsticio de invierno. Todos ellos se fechan de forma astronómica y, por lo tanto, varían ligeramente de un año a otro.

N

Dic. 21–22
Yule

Oct. 31–Nov. 1
Samhain

Feb. 1
Imbolc

Sept. 22–23
Mabon

Mar. 20–21
Ostara

Aug. 1
Lughnasadh

0–May 1
Beltane

Jun. 20–21
Midsummer

Rueda del Año - hemisferio norte
(Todas las fechas de los solsticios y los equinoccios son aproximadas, y habría que consultar un almanaque o un calendario para averiguar las fechas correctas de cada año)

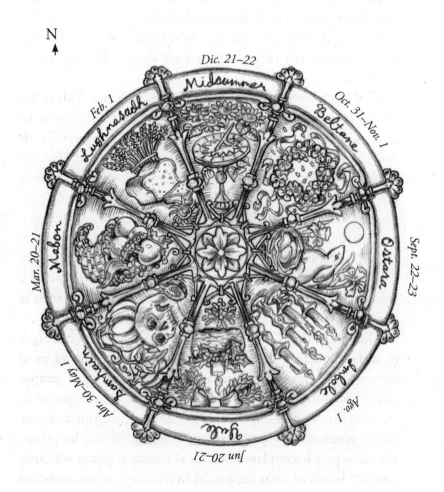

N

Dic. 21–22

Midsummer

Feb. 1
Lughnasadh

Oct. 31–Nov. 1
Beltane

Mar. 20–21
Mabon

Sept. 22–23
Ostara

Abr. 30–May. 1
Samhain

Ago. 1
Imbolc

Jun 20–21
Yule

Rueda del Año - hemisferio sur

Entre estas festividades se encuentran las festividades de mitad del cuarto, o festivales del fuego: Imbolc, Beltane, Lughnasadh y Samhain. Las festividades estacionales a veces se conocen como Sabbats menores, y las de mitad de estación como Sabbats mayores, aunque ningún ciclo es «superior» a otro. En el hemisferio sur, las estaciones son opuestas a las del hemisferio norte y, por lo tanto, los sabbats se celebran en fechas diferentes.

Aunque el libro que estás leyendo se centra solo en el Imbolc, puede resultar útil saber cómo encaja dentro del ciclo en su totalidad.

El solsticio de invierno, también conocido como Yule o festividad de mitad del invierno, tiene lugar cuando la noche ha alcanzado su duración máxima; después de este, la duración de los días comenzará a incrementarse. Aunque la fría oscuridad está sobre nosotros, ya se aviva la esperanza de los días más luminosos que están por llegar. En la tradición wiccana, este es el momento en el que nace el joven dios solar. En algunas tradiciones neopaganas, este es el momento en el que el Rey del Acebo está destinado a perder la batalla contra su hermano más luminoso, el Rey del Roble. Se encienden velas, se degustan manjares, y se traen a la casa plantas perennes como recordatorio de que, a pesar de la crudeza del invierno, la luz y la vida siempre prevalecen.

Durante el Imbolc (que también se puede escribir «Imbolg»), el suelo empieza a descongelarse, lo que indica que ya es el momento de comenzar a preparar los campos para la temporada de sembrado que se aproxima. Comenzamos a despertar de nuestros meses de introspección y empezamos a organizar lo que hemos aprendido durante ese tiempo, además de dar los primeros pasos para hacer planes de cara al futuro. Algunos wiccanos también bendicen velas durante el Imbolc, otra forma simbólica de invocar a la luz, que ahora es ya perceptiblemente más fuerte.

En el equinoccio de primavera, también conocido como Ostara, la noche y el día vuelven a tener la misma duración y, a partir de entonces, los días comenzarán a ser más largos que las noches. El equinoccio de primavera es un momento de renovación, de plantar semillas ahora que la tierra ha vuelto a la vida una vez más. Decoramos huevos como símbolo de esperanza, vida y fertilidad, y realizamos rituales para cargarnos de energía con la que poder encontrar el poder y la pasión para vivir y crecer.

En las sociedades agrícolas, el Beltane señalaba el comienzo del verano. Se sacaba al ganado a pastar en abundantes prados, y los árboles se llenaban de flores hermosas y fragantes. Se realizaban rituales para proteger las cosechas, el ganado y la gente. Se encendían fuegos y se hacían ofrendas con la esperanza de conseguir la protección divina. En la mitología wiccana, el dios joven fecundaba a la diosa joven. Todos tenemos algo que queremos cosechar para cuando acabe el año, planes que estamos decididos a cumplir, y el Beltane es un momento estupendo para poner en marcha ese proceso de forma entusiasta.

El solsticio de verano es el día más largo del año. También se llama Litha, la festividad de mitad del verano. Las energías del sol están en su cúspide, y el poder de la naturaleza se encuentra en su punto más álgido. En la tradición wiccana, este es el momento en el que el dios solar es más fuerte que nunca (de modo que, de forma paradójica, su poder ya solo puede comenzar a disminuir) tras haber fecundado a la diosa doncella, que se transforma entonces en la madre tierra. En algunas tradiciones neopaganas es aquí cuando el Rey del Acebo vuelve a enfrentarse a su aspecto más luminoso, y, en esta ocasión, vence al Rey del Roble. Por lo general, se trata de un momento de grandes alegrías y celebraciones.

En el Lughnasadh, la cosecha principal del verano ya ha madurado. Realizamos celebraciones, participamos en juegos, expresamos la gratitud que sentimos y disfrutamos de los festines que preparamos. También se conoce como Lammas, y es el momento en el que celebramos la primera cosecha; ya sea relativa a los cultivos que hemos plantado o los frutos que han dado nuestros primeros proyectos. Para celebrar la cosecha de grano, a menudo se hornea pan durante este día.

El equinoccio de otoño, también conocido como Mabon, señala otro importante cambio estacional y una segunda cosecha. El sol brilla por igual en ambos hemisferios, y la duración de la noche y del día es la misma. Después de este momento, las noches comenzarán a ganar terreno a los días. En conexión con la cosecha, este día se celebra un festival de sacrificio al dios moribundo, y se paga un tributo al sol y a la tierra fértil.

Para el pueblo celta, el Samhain señalaba el comienzo de la estación del invierno. Este era el momento en el que se sacrificaba al ganado y se recogía la cosecha final antes de la inevitable caída a las profundidades de la oscuridad del invierno. Se encendían fuegos para guiar en su camino a los espíritus errantes, y se hacían ofrendas en nombre de los dioses y de los antepasados. El Samhain se veía como un comienzo, y hoy en día se suele considerar el Año Nuevo de las brujas. Honramos a nuestros antepasados, reducimos nuestras actividades, y nos preparamos para los meses de introspección que están por delante... y el ciclo continúa.

La relación del pagano moderno con la Rueda

El paganismo moderno se inspira en muchas tradiciones espirituales precristianas, lo cual queda ejemplificado en la Rueda del Año. El ciclo de los ocho festivales que reconocemos a través del paganismo moderno nunca se celebró por completo en ninguna cultura precristiana en particular. En los años cuarenta y cincuenta, un hombre británico, llamado Gerald Gardner, creó la nueva religión de la Wicca mezclando elementos de una variedad de culturas y tradiciones, a través de la adaptación de prácticas de religiones precristianas, creencias animistas, magia popular y distintas disciplinas chamánicas y órdenes esotéricas. Combinó las tradiciones multiculturales de los equinoccios y los solsticios con los días festivos celtas y las primeras celebraciones agrícolas y pastorales de Europa para crear un modelo único que se convirtió en el marco del año ritual de la Wicca.

Los wiccanos y las brujas, así como muchos paganos eclécticos de diversa índole, siguen de forma popular el año ritual wiccano.

Algunos paganos tan solo celebran la mitad de los sabbats, ya sean los de los cuartos o los que se sitúan en mitad del cuarto. Otros paganos rechazan la Rueda del Año en su totalidad y siguen un calendario de festivales basado en la cultura del camino específico que sigan, en lugar de un ciclo agrario basado en la naturaleza. Todos tenemos unos caminos tan singulares en el paganismo que es importante no dar por hecho que el camino de los demás será el mismo que el nuestro; mantener una actitud abierta y positiva es lo que hace prosperar a la comunidad pagana.

Muchos paganos adaptan la Rueda del Año a su propio entorno. La Wicca ha crecido hasta convertirse en una auténtica religión global, pero pocos de nosotros vivimos en un clima que refleje los orígenes de la Wicca en las islas británicas. Aunque tradicionalmente el Imbolc es el comienzo del deshielo y el despertar de la tierra, puede ser el punto más álgido del invierno en muchos climas del norte. Y, aunque el Lammas pueda ser una celebración de agradecimiento por la cosecha para algunos, en áreas propensas a las sequías y a los fuegos forestales puede ser una época del año peligrosa e incierta.

También hay que tener en cuenta los dos hemisferios. Cuando es invierno en el hemisferio norte, es verano en el hemisferio sur. Mientras los paganos de América del Norte están celebrando el Yule y el Solsticio de Invierno, los paganos de Australia celebran el festival de mitad del verano. Las propias experiencias vitales del practicante son más importantes que cualquier dogma escrito en un libro cuando se trata de celebrar los sabbats.

En línea con ese espíritu, tal vez desees retrasar o adelantar las celebraciones, de modo que sus correspondencias estacionales encajen mejor con tu propio entorno, o puede que quieras enfatizar distintos temas para cada sabbat según tus propias experiencias. Esta serie de libros debería ayudarte a que dichas opciones te resulten fáciles y accesibles.

Sin importar el lugar del globo en el que vivas, ya sea en un entorno urbano, rural o suburbano, puedes adaptar las tradiciones y las prácticas de los sabbats de modo que encajen con tu propia vida y con tu entorno. La naturaleza nos rodea por todas partes; por mucho que los seres humanos intentáramos aislarnos de los ciclos de la naturaleza, estos cambios estacionales recurrentes son ineludibles. En lugar de nadar contracorriente, muchos paganos modernos abrazamos las energías únicas que hay en cada estación, ya sean oscuras, luminosas o algo intermedio, e integramos esas energías en los aspectos de nuestra propia vida diaria.

La serie de Los ocho sabbats te ofrece toda la información que necesitas para hacer precisamente eso. Cada libro será parecido al que tienes ahora entre las manos. El primer capítulo, *Las tradiciones antiguas*, comparte la historia y la sabiduría que se han ido transmitiendo desde la mitología y las tradiciones precristianas, hasta cualquier vestigio que todavía quede patente en la vida moderna. *Las tradiciones modernas* abordan esos temas y elementos y los traducen a las formas bajo las que muchos paganos modernos festejan y celebran cada sabbat. El siguiente capítulo se centra en *Hechizos y adivinación*; se trata de fórmulas apropiadas para la estación y basadas en la tradición popular, mientras que el siguiente, *Recetas y artesanía*, te ofrece ideas para decorar tu hogar y hacer artesanía y recetas que aprovechen las ofrendas estacionales. El capítulo *Oraciones e invocaciones* te proporciona llamamientos y oraciones, ya preparados, que puedes emplear en rituales, meditaciones o en tu propia introspección. El capítulo de los *Rituales de celebración* te proporciona tres rituales completos: uno para realizar en solitario, otro para dos personas, y otro para un grupo completo, como un aquelarre, círculo o agrupación. Siéntete libre de adaptar todos los rituales o alguno de ellos a tus propias necesidades, sustituyendo tus propias ofrendas, llamamientos, invocaciones, hechizos mágicos y demás. Cuando planees un ritual en grupo, trata de prestar atención a cualquier necesidad especial que puedan tener los participantes. Hay muchos libros maravillosos disponibles que se adentran en los detalles específicos de hacer los rituales más accesibles si no tienes experiencia en este ámbito. Por último, en la parte final de cada título encontrarás una lista completa de correspondencias para la festividad, desde los temas mágicos y las deidades hasta comidas, colores, símbolos y más.

Para cuando termines este libro, tendrás la inspiración y los conocimientos necesarios para celebrar el sabbat con entusiasmo. Honrando la Rueda del Año reafirmamos nuestra conexión con la naturaleza de modo que, mientras continúa con sus ciclos infinitos, seamos capaces de dejarnos llevar por la corriente y disfrutar del trayecto.

LAS TRADICIONES
ANTIGUAS

...from sleep, cleansing, sprouting seeds, fertility, transitions,
...on, rebirth, transformation, youth, well-being, emergence, and
...omical midpoint between the winter solstice and the vernal eq...
...15 degrees of aquarius in northern hemisphere, sun at 15
...outhern hemisphere, female; the goddess transforming from c...
...the goddess in the form of young mother tending to her gra...
...ab in the form of a child exploring the world, the innocence
...e, Brigid, Aphrodite, Diana, Freanrhod, Fitia, Athen...
...Inanna, Juno, Selene, Vesta, Sele, Februus; Braga, C...
...Cocht, Dumuzi, Eros, light green: abundance, growth fer...
...calming, new beginnings and prosperity, pink: harmony, te...
...n, love, spiritual healing, virtue, spring, honor, contentment,
...peace, protection, healing, truth, divination, purification, c...
...vitality, creativity, communication, the sun, pleasing, psy...
...angelica: balance, new beginnings, consecration, insight, pr...
...success, basil: clarity, divination, love, money, protection,
...bberry: growth, attachments, fertility, intuition, prosperity,
...namon: balance, blessings, courage, protection, purification,

Cuando parece que los oscuros días del invierno ya duran una eternidad, las primeras señales de la primavera rejuvenecen nuestras almas. Es una promesa de que el invierno no será eterno, y de que los días cálidos y fértiles volverán muy pronto. Los narcisos se abren paso a través del suelo, incluso a través de la nieve, con un sorprendente destello de verde y amarillo en contraste con el resplandor intacto del blanco del invierno. Aunque todavía puedes ver el vapor de tu aliento en el aire frío, volver a saborear la leche fresca por primera vez después de meses sin probarla significa que muy pronto nacerá nueva vida. Y también significa que el alma, cansada de la oscuridad del invierno, pronto renacerá bajo la calidez creciente del sol. Puede que todavía haya nieve en el suelo, pero nuevas plantas ya brotan justo por debajo de esa capa protectora. Mientras los osos salen de su letargo invernal, la tierra también lo hace y la vida despierta por todas partes.

El Imbolc, también conocido como «Imbolg», «Oimelc» y «Día de Santa Brígida», es el *sabbat* que se encuentra a medio camino entre el solsticio de invierno y el equinoccio de primavera. Se celebra el 1 de febrero y precede a la reinterpretación cristiana más moderna conocida como Fiesta de la Candelaria, que se celebra el 2 de febrero. Aunque a menudo verás que los términos «Imbolc» y «Fiesta de la Candelaria» se utilizan de forma indistinta, en realidad se trata de festividades diferentes. El Imbolc es el momento en el que la vida comienza a despertar de su sueño invernal y se prepara para los días más largos y cálidos que están a punto de llegar. Durante las profundidades del invierno, puede parecer que el sol cálido y las brisas suaves de la primavera no van a volver jamás y que el frío va a durar para siempre. El Imbolc señala el punto de inflexión en el que la vida comienza a anhelar con deseo los días cada vez más cálidos.

Es una época en la que se hacen planes futuros y se «plantan» nuevas ideas. Tradicionalmente, también es un momento para examinar a la gente, los objetos y nuestra filosofía de vida. Es una oportunidad para descartar las cosas que no necesitamos o que suponen un lastre para nosotros, para hacer nuevos planes e impulsar los antiguos. En cierto sentido, el Imbolc es como una crisálida dentro de la Rueda del Año. Al emerger de ella, tal vez hayamos cambiado enormemente respecto a los seres que estaban celebrando el Yule tan solo unas semanas antes.

El invierno para los ancestros

Aunque todos experimentamos el invierno de algún modo sin importar dónde vivamos, la forma que tienen las civilizaciones modernas de lidiar con el invierno hace que sea un poco más difícil comprender el hito tan importante que suponía el Imbolc para muchos de nuestros ancestros. Si bien es cierto que el Imbolc como sabbat se originó en torno a la celebración de la primera leche de las ovejas embarazadas de las zonas del interior de Irlanda, Escocia y otras partes de Europa, este sabbat es sorprendentemente relevante para nosotros hoy en día, aunque nos mantengamos calientes en nuestras casas, nos traslademos en seguros automóviles con climatización y no seamos conscientes de lo salvaje que puede ser el invierno al otro lado de nuestras puertas.

Para comprender de verdad las raíces del Imbolc y por qué se ha incorporado como sabbat para los wiccanos y neopaganos modernos, tienes que imaginar cómo era la vida en Europa (y en muchas otras partes del mundo) en la Antigüedad. Incluso hace tan solo doscientos años, el invierno era una experiencia muy diferente a lo que es hoy en día. Ahora, imagina cómo eran las cosas cinco mil años antes de eso. Ten en cuenta que las cosas que ahora damos por sentadas no existían en absoluto en esa época. La conservación de la comida era mucho más limitada y laboriosa de lo que es hoy en día; el proceso de enlatado no se desarrolló hasta el reinado de Napoleón en la Francia del siglo XIX. No había congeladores, frigoríficos ni envases al vacío. Y olvídate de los recipientes de plástico para almacenar comida. No había tiendas de comestibles para los momentos en los que los suministros menguaban. Nuestros ancestros lidiaban con desafíos que nos resultan difíciles de imaginar en el siglo XXI.

Pero nuestros ancestros eran personas muy listas que aprovechaban la nieve y el frío para la refrigeración, y utilizaban el sol, el fuego, la sal y la fermentación para conservar comida para los largos inviernos. Los desafíos eran constantes, y las penurias que soportaban son difíciles de concebir para la mente moderna y acostumbrada a las comodidades. Por favor, ten en cuenta que cuando veas el término «ancestros» en este libro no tiene por qué referirse a la gente con la que puedas compartir un linaje y material genético. En realidad, los «ancestros» de este libro se refieren a cualquier persona antigua, ya que ellos son los ancestros de la humanidad. Muchos neopaganos recorren caminos espirituales junto a deidades que vienen de una herencia distinta a las suyas. Aunque la «veneración a los ancestros» por lo general se refiere a venerar a los antepasados de una persona, podrías decidir de forma personal venerar a deidades de una cultura completamente diferente a la de tus antepasados. En efecto, hay cierto debate en la comunidad neopagana sobre la práctica de la veneración de los ancestros, y los que eligen honrar a aquellos que no son sus propios antepasados genéticos pueden tener razones muy válidas para hacerlo.

En muchas partes del mundo antiguo, mantener el calor en invierno requería tener un gran suministro de combustible para la chimenea. No había ropa hecha con materiales sintéticos que se secaran con rapidez, ni sacos de dormir adecuados para temperaturas muy por debajo de los cero grados. La única luz disponible venía de una llama. ¿No da miedo pensar en vivir en un edificio de madera con un tejado de paja mientras utilizas el fuego como la única fuente de luz y calor? Desde luego, eso proporcionaba a la gente de esa época un respeto sano por el fuego y por sus increíbles propiedades capaces de cambiar la vida (¡tanto positiva como negativamente!). Vivir en una comunión tan cercana con la naturaleza en sus muchas formas enseñó a nuestros ancestros a tener una profunda reverencia por los animales y las plantas que los rodeaban.

El invierno puede ser peligroso para la gente moderna, pero esos peligros no se pueden comparar con aquellos a los que se enfrentaban nuestros ancestros. No podías llamar al servicio de emergencias si había alguien enfermo o herido, por no mencionar que no había un cuerpo de bomberos por si una de tus llamas se descontrolaba. Si las fuertes nevadas hacían que tu tejado se derrumbara, tu familia entera podía acabar muriendo por falta de refugio.

Las horas útiles de luz natural en invierno son muy limitadas, y simplemente completar todas las tareas diarias para mantener la vida resultaba un desafío para nuestros ancestros. La cosecha abundante iba desapareciendo según crecía el invierno. Ciertas comidas secas y saladas mantenían viva a la gente durante esta época, pero, muy a menudo, hasta las comidas mejor conservadas se llenaban de moho, se pudrían, o se las comían las alimañas (cuyas reservas también menguaban durante el invierno). Cazar y/o pescar podía proporcionar una nutrición suplementaria, pero nunca se podía depender de esas prácticas durante los días oscuros del invierno.

En las sociedades agrícolas, la gente tenía también que alimentar a su ganado durante los meses del frío. El Samhain (a finales de octubre) era normalmente cuando se sacrificaba a los últimos animales antes de que este se asentara. Aquellos que no eran sacrificados en el Samhain tenían que cuidarse durante el invierno al igual que la gente. Sin esos animales en primavera, la cadena alimenticia se rompería y pronto podría aparecer fácilmente la hambruna. Había que almacenar comida con cautela, tanto para los animales como para los humanos.

Para la gente que vive en ciudades modernas es difícil comprender la relación que tenían nuestros ancestros con sus animales. En las sociedades agrícolas, la gente quería a sus animales tanto como nosotros queremos a nuestras mascotas, pero de un modo muy diferente al que entenderíamos. Cuidaban de sus animales como si fueran miembros de la familia porque eran fundamentales para la vida. En las sociedades agrícolas de los climas más fríos era muy común que las familias llevaran a los animales dentro de las casas a vivir con ellos hasta que llegaran días más cálidos.

Aunque dudo que muchos ganaderos modernos de Norteamérica o Europa duerman en la misma habitación que sus reses u ovejas, históricamente se ha considerado que hacer esto era algo prudente y sensato. Cuando piensas en lo imprescindible que era el ganado para la supervivencia y añades la dificultad de cruzar por la nieve o el hielo para llegar a un establo en el exterior, dormir con los animales tiene sentido. Los animales contribuyen a dotar de calidez a la casa, y tenerlos tan cerca hace que alimentarlos y cuidar de ellos sea también mucho más fácil, aunque esta conveniencia tenía el coste de unas condiciones de vida muy duras e incómodas. Y no hace falta decir que la higiene también era una preocupación significativa.

Aunque el sembrado de primavera representa un paso muy importante en la supervivencia, esas semillas no proporcionan comida de inmediato. Por otro lado, si cuidas de tus animales durante el invierno, estos pueden empezar a producir comida para ti mucho antes de que crezcan las primeras plantas. El Imbolc señalaba ese momento del año para los antiguos pueblos celtas. Las ovejas tienden a aparearse de forma natural en otoño, cuando los días comienzan a volverse más cortos.[1] Sus periodos de gestación suelen ser de unos cinco meses, así que el resultado es que las ovejas hembra comienzan a dar a luz alrededor del Imbolc.[2] En cuanto la oveja da a luz, puede comenzar a producir leche. En el mundo moderno de la producción de ovejas, los humanos han logrado estimular el apareamiento cuando sea más conveniente para el ganadero. En cambio, en el mundo antiguo, este ciclo se encontraba mucho más bajo el control de la naturaleza. En esos tiempos pasados, el nacimiento de los corderos significaba tener leche fresca por primera vez en meses. La leche fresca y el queso resultante se encontraban entre las primeras señales de que la primavera estaba a punto de llegar. En la Rueda del Año celta, el Imbolc representa el comienzo de la primavera.

¿Te imaginas vivir una vida así? Te pasarías todo el invierno sin poder salir de tu casa de una única habitación, con tu cónyuge, vuestros hijos, y probablemente también vuestros padres, primos y familia política, además de la mayor parte de vuestra comida y de vuestros animales. ¿A alguien le extraña que la gente celebrara las primeras señales de la primavera en cuanto aparecían? Después de racionar con cuidado el vino o la cerveza durante meses, y de beber nieve fundida, a veces mezclada con unas cuantas hojas preciadas para hacer té de hierbas, imagina lo bueno que sería volver a saborear la leche por primera vez en varios meses.

Los inviernos en el mundo occidental pueden ser peligrosos sin importar lo avanzada que pueda llegar a ser la tecnología. Los peligros a los que nos enfrentamos son muy reales, pero nuestros ancestros (que evidentemente eran muy resistentes) se enfrentaban a riesgos que nosotros no tenemos ni que plantearnos siquiera. Incluso ahora, cuando hay fuertes tormentas invernales o se producen apagones de luz, rara vez vemos muertes asociadas a ello en nuestras ciudades modernas. Nuestros ancestros no tenían transporte público, refugios contra el frío ni cuerpos de seguridad que los rescataran de las profundidades de un terrible invierno; sobrevivían gracias a sus propias habilidades e ingenio, así como a una fuerte conexión con sus comunidades, con la naturaleza y con las deidades que los guiaban durante sus vidas diarias.

Incluso con abundante combustible para la chimenea, las temperaturas a menudo eran terriblemente bajas, al igual que ahora.

Recuerda que no solo la mortalidad infantil era muy alta en el mundo antiguo, sino que el Imbolc era el momento del nacimiento de muchos niños. Los bebés que se concebían durante el Beltane (algo que era muy frecuente) nacían alrededor del Imbolc. Si la enfermedad o la falta de comida no bastaban para que los inviernos fueran arriesgados, el propio frío se llevaba a muchos niños. Tenía que ser muy difícil mantener a salvo a la familia y al ganado, y después tener que dar a luz y cuidar a un niño recién nacido. ¿A alguien le extraña que nuestros ancestros trataran el elemento del fuego con una gran reverencia y un respeto tan profundo? Cuando pensamos en todas las penurias y desafíos a los que nuestros ancestros se enfrentaban en los meses de invierno, la mera idea de la primavera que se acercaba era todavía más importante y atractiva.

Las culturas antiguas y la naturaleza

En nuestra época de telecomunicaciones y viajes por aire puede ser difícil ver el mundo tal como lo hacían nuestros ancestros. Mucha gente del mundo moderno está muy aislada de la naturaleza, y rara vez se encuentran con ella en su estado puro. Nuestros antepasados estaban más en sintonía con la naturaleza porque vivían en ella. La «naturaleza» como un concepto diferenciado sería para ellos difícil de entender; ellos mismos formaban parte del tejido de la naturaleza. Es algo que se aleja de las muchas personas de hoy en día que solo se encuentran con ella a través de ciertos canales de televisión.

Tal y como hemos hablado en las páginas anteriores, las penurias del invierno en esos tiempos antiguos a menudo conducían a la muerte. Aunque a muchos les gusta pensar que hemos vencido a la naturaleza o que tenemos control sobre ella en el siglo XXI, los humanos de épocas anteriores no tenían ninguna fantasía sobre su lugar en la naturaleza. Para nosotros puede ser difícil de imaginar, pero hace no tanto tiempo un invierno duro podía hacer que los lobos acabaran literalmente en tu puerta. Los humanos no estaban en la cima de la cadena alimenticia, y el invierno era la época más peligrosa de todas. Saber cuándo iba a terminar, cuándo esperar que brotaran las primeras plantas nuevas y cuándo se iba a fundir la nieve era mucho más importante que saber en qué momento plantar. Significaba saber que había un futuro más brillante por delante si se podía soportar el duro invierno. Al igual que ahora, el conocimiento era poder entonces... y el poder da consuelo a la mente.

Cada celebración de la primavera se podría ver como una fiesta por haber sobrevivido al invierno más que cualquier otra cosa. Nuestros ancestros observaban a los animales y el comportamiento animal con la misma atención con la que nosotros podríamos ver un pronóstico del tiempo moderno. En muchas culturas antiguas, los animales tenían un papel fundamental en la predicción del tiempo y de los fenómenos estacionales.

Los celtas

El calendario moderno reconoce el equinoccio de primavera, o el Ostara, como el principio de la primavera. En el calendario celta, el Imbolc representaba el comienzo de la primavera. Entonces era cuando se podía llevar a los animales a pastar y ya no dependían del heno que habían almacenado. Los graneros y los hogares que habían estado cerrados durante el largo invierno se podían limpiar o, como mínimo, airear un poco. Había animales recién nacidos en los corrales, lo que también significaba un suministro fresco de leche. En muchos sentidos, este punto del calendario representaba una época de limpieza, renovación y renacimiento.

Brigid

Es simplemente imposible hablar del Imbolc sin hablar de la poderosa diosa celta Brigid. También se la conoce como «Brighid», «Brigit», «Bride» y «Brigantia», entre otros nombres, pero los wiccanos y neopaganos la conocen sobre todo como Brigid. Es una diosa de muchas formas, y se ha presentado como los tres aspectos (doncella, madre y anciana) de la Diosa Tierra. A lo largo de muchas generaciones, ha demostrado ser no solo muy poderosa, sino también una diosa muy resistente. Aunque está asociada sobre todo con Irlanda (a menudo se la conoce como la Diosa de Irlanda), Brigid era también una diosa importante en Escocia, Gales y muchas partes de la Europa Occidental.

Brigid es una diosa de fuego y llamas, de cambios, poesía e inspiración, de transformación, sabiduría, metalurgia y del fuego de la forja, sanación, creatividad, agua, profecía, educación y aprendizaje. Se le atribuye haber regalado la palabra escrita a la humanidad. Brigid también es la diosa del nacimiento, y se la puede invocar para que ayude durante el parto para mantener a salvo a la madre y a su bebé. En muchos lugares era tradicional abrir todas las puertas y ventanas del hogar durante el Imbolc y que las mujeres de la casa se situaran en el umbral para recibir las bendiciones de Brigid.

Conocida como la Diosa de la Llama Eterna, Brigid está a cargo de su protección; su santuario en Kildare (Irlanda) contenía la Llama Eterna, que se custodiaba día y noche. Se dice que, por su seguridad, la llama eterna estaba rodeada de una barrera que ningún hombre podía penetrar; solo Brigid y sus sacerdotisas eran capaces de atravesarla. Como diosa del fuego, a menudo se invoca a Brigid para proteger los hogares del poder destructivo de este elemento. A menudo, se cuelgan cruces de Santa Brígida y figuras de paja en las cocinas para atraer su protección sobre el fuego y el hogar. También se la conoce como la «Gran Profesora», y puede haber sido una de las primeras defensoras de la educación de las mujeres.

También se conoce a Brigid como Diosa del Pozo Sagrado; con esta identidad protege las aguas sanadoras. Aunque hay quien dice que Brigid también protegía el pozo del santuario de Kildare, otros señalan que en realidad su pozo sagrado se encuentra en Liscannor, en el condado de Clare (Irlanda). De hecho, la completa dominación de Brigid y sus santuarios, así como de sus legiones de seguidores, ha hecho que la zona alrededor de Kildare a menudo se conozca como «Ciudad de Brigid».

Se le atribuye la creación del silbato como arma defensiva contra los ataques a las mujeres.[3] Brigid es una poderosa metamorfa, y puede aparecer en casi cualquier forma: puede presentarse como una mujer de cualquier edad, en sus aspectos de doncella, madre y anciana; como pájaro, humo o una columna de fuego, o incluso como una mujer con la cabeza en llamas. También se dice que se transforma en serpiente, y a veces se la representa con ese aspecto en distintas obras de arte.[4] Es al mismo tiempo madre, esposa e hija de los dioses celtas, mostrando así otro aspecto triple sagrado.

Dado que Brigid es una diosa del fuego, no es ninguna sorpresa que también sea diosa del cambio y la transformación; ideas que los celtas consideraban que estaban representadas por este elemento. Al igual que el bosque se transforma después de un incendio, nosotros también quedamos transformados después de que nos toque el fuego transformador de Brigid. En relación a esto, como la Diosa de la Forja, su fuego se utiliza para reformar y refinar las rocas de la tierra para darles formas que sean de utilidad para la humanidad. Los minerales simples se combinan y se catalizan dentro de su llama, y el resultado de esto son materiales completamente nuevos y diferentes, como el acero o el bronce.

Brigid es una figura central en la mitología celta, y la encarnación de la diosa triple. De acuerdo con los mitos, en realidad hay tres hermanas que se llaman todas Brigid. Una es la Diosa del Fuego del Hogar, otra es la Diosa del Fuego de la Forja, y la tercera es la Diosa del Fuego Creativo o Transformador. Las tres Brigids fueron conformadas juntas como una diosa de triple aspecto (volvemos a ver de nuevo la trinidad, pues el tres es un número sagrado).

El tema común a lo largo de las historias y poemas de los celtas (como se ve en este breve resumen sobre esta diosa) es que Brigid está relacionada con la transformación y los nuevos comienzos, justo al igual que Imbolc. Este es un sabbat que consiste en prepararnos para lo que está por llegar, en librarnos de las cosas antiguas que ya no nos sirven, y en la introspección. El Imbolc trata de los comienzos y de la transformación del invierno en primavera.

Santa Brígida

Si tienes alguna duda sobre la habilidad de Brigid para transformarse a sí misma, solo tienes que ver cuál fue su destino después de la supresión cristiana de las religiones nativas de los celtas. Incluso después de la llegada del cristianismo a Irlanda, el culto de Brigid estaba demasiado arraigado como para que los cristianos proselitistas acabaran con él. Si el cristianismo quería afianzarse en Irlanda, tenía que incluir a la diosa Brigid. En muchas ocasiones, cuando el cristianismo desplazaba a las deidades locales, estas últimas a menudo quedaban relegadas a personajes de cuentos de hadas, se las olvidaba por completo, o incluso se transformaban en demonios o monstruos. Sin embargo, la Diosa de la Llama Eterna no llegaría a sufrir el mismo destino fatal. En lugar de eso, nos encontramos con la aparición repentina (y virtualmente inexplicable) de santa Brígida. Aunque ya no se la describía como «diosa», sus credenciales como santa eran innegables.

Santa Brígida se presentó como la matrona de la Virgen María cuando nació el Niño Jesús. Esa historia reconstruida y ese nuevo papel supuso una forma muy inteligente de seguir manteniendo sus profundas conexiones con el nacimiento de los niños. En otras historias, santa Brígida sanaba a los leprosos utilizando el agua de su pozo, y bendijo al niño Jesús con tres (aquí está otra vez la trinidad) gotas de agua sobre su frente. Esta parte de la historia de la santa redefine la conexión de Brigid con el agua en un contexto cristiano. También se decía que atraía al «buen tiempo», manteniendo así su conexión con la primavera y con el final del invierno.

Por último, se decía que santa Brígida había nacido el 1 de febrero (conocido a veces como la víspera de la Fiesta de la Candelaria). Algunas historias relatan que nació durante el amanecer dentro de un pilar de fuego. En cambio, otras aseguran que su madre dio a luz al amanecer mientras cruzaba el umbral para entrar en su casa. Todas estas historias ponen un gran énfasis en los símbolos del cambio. Los lugares y los momentos de transición eran sagrados para los pueblos celtas, y representaban los espacios místicos que existen solo dentro de las «fronteras». Tanto el amanecer como el fuego y los umbrales son símbolos de cambio, así que propusieron para Santa Brígida un nacimiento que no tenía ninguna conexión con la tradición cristiana, pero que sería claramente significativa para aquellos celtas que la Iglesia quería convertir. Cada una de estas cristianizaciones de creencias paganas establecidas hacía que fuera un poco más fácil conseguir que la gente se convirtiera. Piénsalo bien: si todas tus deidades y celebraciones fueran parte de una nueva religión, pero con nombres diferentes, convertirte sería una decisión más fácil.

El santuario de Kildare se transformó en un santuario cristiano dedicado a santa Brígida. Se decía que los pájaros muertos volvían a la vida en el santuario como uno de los milagros de santa Brígida (la verdad es que sería realmente prodigioso ver pájaros que no solo estaban muertos, sino que se habían cocinado y comido, volviendo a la vida gracias a los poderes sanadores de santa Brígida). Sus «Hijas de la Llama» se encargaron del mantenimiento de la llama perpetua de Kildare desde el siglo V a. C. hasta el siglo XVI d. C., cuando el lugar se declaró pagano y se desmanteló bajo el reinado de Enrique VIII.[5]

Pero la creación de santa Brígida tampoco fue suficiente para detener a la diosa Brigid. Ha habido un resurgimiento de interés en la forma precristiana de Santa Brígica, tal y como verás en el próximo capítulo. Santa Brígida también «viajó» hasta el Caribe con los sirvientes irlandeses y escoceses contratados. Allí se transformó una vez más, para convertirse en Madame Brigitte en la creencia del vudú.

Aunque el sabbat del Imbolc se basa principalmente en las prácticas celtas que se extendían a lo largo de las islas británicas y Europa, esta época del año era un momento de celebración también para muchas otras culturas. La fertilidad y el cambio se encontraban en el corazón de muchas de estas festividades.

Una práctica entre los antiguos celtas era la creación de muñecas de paja. Sin embargo, este es solo un nombre genérico. Por lo tanto, y aunque sin duda se pueden hacer muñecas de paja, en realidad estas palabras se refieren a figuras hechas de junco, hierba o cualquier otro material vegetal. De hecho, el trigo es un material muy común en estas muñecas de paja.

Las muñecas de paja se utilizan para representar el aspecto de la Anciana de Brigid cuando se elaboran durante la cosecha (tradicionalmente, en el Lughnasadh). Pero, si se hace la misma clase de muñeca de paja durante el Imbolc, simboliza a Brigid en su forma de Doncella. A veces, las muñecas de paja que se hacen en el Lughnasadh se almacenan durante el invierno y se vuelven a sacar otra vez en el Imbolc, como muestra de la transformación de la Anciana en Doncella. En Imbolc, la muñeca de paja (conocida como «la vieja») se colocaba en una cama a escala, especialmente fabricada para ella (la «cama de Brid»), junto a un símbolo de la fertilidad masculina, como una varita o un palo. La cama se colocaba en las cenizas del fuego del hogar, a veces acompañada por velas ardiendo. Si las cenizas estaban revueltas a la mañana siguiente, se interpretaba como un augurio muy positivo para el año siguiente.

Los romanos

Ciertamente, el Imbolc no es la única festividad ritual durante esta época del año, ni tampoco la única que se centra en dar la bienvenida a la primavera o en celebrar la renovación y la purificación mientras comienza la nueva temporada de crecimiento. Una de las celebraciones conocidas más antiguas durante el mes de febrero era la festividad romana de la «Februalia» (de la que el mes toma su nombre). La Februalia era un ritual de purificación que tenía lugar al final del año romano. Este festival ofrecía la oportunidad de honrar a los dioses y a los muertos, y de purificarse como preparación para el próximo año. Como puedes ver, la limpieza ritual es un tema muy común en las tradiciones y celebraciones de esta época del año.

La Februalia celebraba a la diosa Juno, que comparte muchas cualidades con Brigid. Las similitudes entre esta celebración romana y el Imbolc hacían que fuera fácil difuminar las líneas existentes entre ellas. Al igual que la Candelaria reemplazó al Imbolc, la Fiesta de la Purificación de la Virgen María sustituyó a la festividad de la Februalia.

Una celebración romana mucho más conocida es la de la «Lupercalia», que, según distintas fuentes, comenzaría el 13 de febrero o en la última luna llena del año romano. Por lo general se cree que la Lupercalia suplantó a la Februalia (que es más antigua), pero la Lupercalia se centra en aspectos diferentes, a pesar de haber heredado tradiciones de su predecesora. Aunque se sigue centrando en la purificación y la limpieza, la poderosa energía sexual también forma parte de la Lupercalia. El ritual central tenía lugar a los pies de la colina en la que Rómulo y Remo, los legendarios fundadores de Roma, habían sido amamantados por una loba en una cueva conocida como «Lupercal».

Se cree que este ritual de fertilidad era anterior al ascenso del Imperio Romano, así que en realidad sería más correcto etiquetarlo como un ritual etrusco. Por supuesto, los romanos eran expertos en apropiarse de muchas creencias diferentes y de incorporarlas en las liturgias y las creencias de su Imperio. Desde luego, acogieron la celebración con los brazos abiertos, y se esforzaron por hacer que formara parte de su cultura a lo largo de las generaciones. De hecho, el ritual continuó celebrándose en Roma hasta el año 494 d. C., cuando se declaró una festividad cristiana para ese día.

La Lupercalia celebra al dios Fauno y a la diosa Juno. La veneración de ambas deidades precede de forma significativa al Imperio Romano, y parte de esa antigua energía se puede sentir en la naturaleza primigenia de la festividad. Fauno es un espíritu libre que encarna el impulso sexual primitivo. Es un dios con cuernos que otorga el poder de ver el futuro y otras habilidades psíquicas. Lo hace de formas, a menudo, terroríficas, como las pesadillas. Fauno se confunde con frecuencia con el dios griego Pan, dado que la apariencia física de ambos puede ser muy similar.

Juno es una antigua diosa del tiempo. Es la protectora de las mujeres, lo que la convierte en un buen contrapeso para la energía sexual descontrolada de Fauno. Al ser una defensora de las mujeres de todas las edades, Juno también es la diosa de la fertilidad y del nacimiento. Es una sanadora, pero su trabajo se centra solo en las cuestiones de salud femenina. Juno ha existido con diferentes aspectos a lo largo de los tiempos y estaba directamente conectada con los rituales de la Februalia.

La celebración ritual de la Lupercalia incluía sacrificios para las deidades. Después, se cortaban tiras de las pieles de los animales sacrificados y se entregaban a hombres jóvenes desnudos o vestidos con taparrabos, quienes corrían por la zona del ritual utilizando las tiras de piel a modo de látigos para golpear a las demás personas. Este rito se realizaba como bendición de fertilidad, y muchas chicas jóvenes les hacían señas e incluso se ponían en fila para asegurarse de que ellos las golpearían con el látigo. Se tenía la creencia de que, si recibían latigazos, aumentaría la fertilidad y se mitigaría el dolor del parto.

Los nativos americanos

Muchas tribus nativas americanas celebraban tradicionalmente la temporada del Imbolc, aunque, de forma similar al Año Nuevo Chino, estas fiestas se basaban, más a menudo, en el calendario lunar que en el solar. Muchas tradiciones nativas sostienen que el invierno es una época mística del año. Es cuando se realizaba la mayoría de las ceremonias, acompañadas por banquetes, y se veía como una época de transiciones y de cambios. Se otorgaban nombres, se realizaban iniciaciones, se renovaban alianzas, se bendecían matrimonios y mucho más.

Vivir en estrecha armonía con la naturaleza hace que el invierno se interprete como parte intrínseca de la vida, y que sus desafíos sean considerados como fracciones de la belleza de esta. Desde los seneca de Nueva York hasta los *kwakiutl* de la costa del Pacífico y otras muchas tribus nativas americanas han mostrado que afrontaban la dura realidad del invierno mucho mejor que algunos europeos, que tendían a ver el invierno como algo que había que soportar sin ningún tipo de encanto.

Egipto

Una antigua diosa egipcia similar en muchos sentidos a Brigid se veneraba también durante la transición entre el invierno y la primavera. Renenutet era una deidad relacionada con la protección y el nacimiento. A menudo, se la representaba como una cobra con cuernos que expulsaba fuego por la boca, o como una mujer con cabeza de serpiente. Se la invocaba durante el parto, y ella ofrecía su protección al recién nacido. Favorecía especialmente a los bebés prematuros o enfermos. También se decía que ayudaba a amamantar a las madres, haciendo que sus hijos quisieran alimentarse. Eso a su vez les ayudaba a crecer y a mantenerse saludables.

Renenutet es también diosa del grano, y se le realizaban ofrendas de leche, pan y vino, al igual que a Brigid.[6] Se honraba durante los periodos de transición de las tres estaciones del antiguo Egipto, las cuales giraban alrededor del ciclo de las aguas del Nilo: Akhet, la inundación (cuando el nivel de agua del Nilo comenzaba a subir); Peret, el periodo de crecimiento; y Shemu, la cosecha. Los festivales dedicados a Renenutet en esos momentos de cambio estacional podrían resultar muy familiares para todas aquellas personas que seguían a Brigid.

Asia

Aunque lo llamamos «Año Nuevo Chino», en realidad se trata de una celebración que también da la bienvenida a la primavera, además de señalar el comienzo de un nuevo año, de forma muy parecida al Imbolc. La fecha del Año Nuevo Chino se basa en el antiguo calendario lunar chino, de modo que la fecha puede variar entre el 21 de enero hasta el 19 de febrero, ya que se trata de la segunda luna nueva después del solsticio de invierno.[7] El *Chun jie* (literalmente, «festival de primavera»), como se llama en chino mandarín, es en realidad un festival de dos semanas para dar la bienvenida al nuevo año, y comienza con la víspera de Año Nuevo (la última noche del último mes del calendario lunar chino) y termina con el Festival de los Faroles, que ocurre el decimoquinto día del primer mes. El Imbolc casi siempre cae en uno de estos días de celebración.[8]

Las celebraciones modernas del Año Nuevo Chino no son muy diferentes a las antiguas. Un dragón o un león marcha y baila en modo festivo, pues antes se creía que la música fuerte que acompañaba al baile, así como la temible mirada de la bestia, asustaría y espantaría a los espíritus malignos. El dragón es un símbolo de buena fortuna (una fortuna de la que todos esperan beneficiarse), y además es la criatura que, en más de un mito asiático, hace girar la rueda del año. Cuando la rueda completa un ciclo completo, el dragón regresa para dar comienzo a otro año.[9] Se utilizan petardos para alejar a los espíritus indeseados, y se hacen ofrendas a los ancestros y a los dioses para atraer al éxito. A menudo se quema incienso en grandes cantidades para mantener a raya a las malas energías y atraer las buenas. También es una época de adivinación y sanación ritual, y es común que la gente visite a los videntes para que les digan lo que les deparará el nuevo año. Aunque muchos países asiáticos están pasando por un rápido proceso de crecimiento y modernización, es reconfortante ver que esta antigua tradición se sigue transmitiendo a las nuevas generaciones, que continúan participando con ilusión y entusiasmo.

LAS TRADICIONES
MODERNAS

... sleep, cleansing, sprouting seeds, fertility, transitions,

... rebirth, transformation, youth, well-being, emergence, ...

... astronomical midpoint between the winter solstice and the vernal eq...

... 15 degrees of aquarius in northern hemisphere, sun at 15 ...

... southern hemisphere, female; the goddess transforming from ...

... the goddess in the form of young mother tending to her grow...

... in the form of a child exploring the world, the innocence ...

... Brigid, Aphrodite, Diana, Brianrhod, Artio, Athen...

... Inanna, Juno, Selene, Vesta, Pila, Februus, Bragi, ...

... Cocht, Dumuzi, Eros, light green: abundance, growth fer...

... calming, new beginnings and prosperity, pink: harmony, te...

... love, spiritual healing, virtue, spring, honor, contentment,

... peace, protection, healing, truth, divination, purification, ...

... vitality creativity, communication, the sun, planning, psy...

... angelica: balance, new beginnings, consecration, insight, pu...

... success, basil: clarity, divination, love, money, protection,

... blberry: growth, attachments, fertility, intuition, prosperity,

... mamon: balance, blessings, courage, protection, purification,

El Imbolc es la luz al final del túnel, el nacimiento de la nueva primavera. Es una luz pequeña, como una vela vista a lo lejos, porque la primavera se encuentra todavía a cierta distancia. Eso significa que lo más adecuado es celebrar el Imbolc con velas, en lugar de con antorchas y ardientes hogueras, que reservaremos para nuestras celebraciones de verano. Para los wiccanos y neopaganos modernos, todos los sabbats son celebraciones relacionadas con el elemento del fuego, puesto que reconocemos y celebramos el movimiento del sol a través de los cielos y los consecuentes cambios de estación.

En cierto sentido, podríamos decir que el Imbolc es un sabbat «aletargado», lo cual resulta poco sorprendente si tenemos en cuenta que se trata de un sabbat que señala el punto medio entre el Yule en las profundidades de los días más oscuros del año y el equinoccio de primavera, que anuncia la vuelta de los días de luz. Algunos sabbats como el Beltane, el Samhain y el Yule se celebran ampliamente. Pero, para muchas personas, las celebraciones del Imbolc consisten tan solo en mandar mensajes de «feliz Imbolc» a los amigos en las redes sociales. Aunque este sabbat se pasa por alto muy fácilmente en nuestra cultura moderna, en la que podemos relacionarnos con mayor facilidad con nuestros aparatos electrónicos que con los ritmos de la naturaleza, las sutiles celebraciones del Imbolc pueden ser las precursoras de las maravillosas estaciones que están por llegar: la primavera y el verano.

Aunque se realizan algunos rituales y celebraciones públicas durante el Imbolc, la propia naturaleza de este sabbat tiende a mantener las fiestas en el ámbito privado y familiar, en comparación con otros sabbats. Hay muchas razones para esto; probablemente la más importante es que se trata de verdad de un sabbat «aletargado» a su manera. Tal como hemos visto en el último capítulo, en tiempos antiguos el Imbolc era un verdadero motivo de celebración, ya que traía consigo una esperanza de los días más fáciles que estaban por llegar. Las celebraciones del Imbolc normalmente se limitan solo a la familia, aunque en tiempos modernos los hogares a menudo incluyen a personas cercanas, con las que no existe una relación de parentesco.

Otra razón puede ser que el Imbolc se celebra en una época muy introspectiva y reflexiva. Es un momento de autocontemplación y planificación. Consiste en realizar actividades tranquilas e internas, y bajo esa luz podríamos ver el Imbolc como un sabbat muy personal. Es un momento para descartar las cosas que no están funcionando y planificar nuevas alternativas. La naturaleza tan personal del Imbolc hace que sea un sabbat más discreto que otros.

Un problema que se encuentran algunas personas cuando tratan de conectar con este sabbat es que las celebraciones tradicionales no parecen tener en cuenta las condiciones geográficas de la zona en la que viven. Después de todo, este sabbat se basa en realidad en las estaciones y en el clima del norte de Europa. Algunos neopaganos hasta han llegado tan lejos como para declarar que el Imbolc es irrelevante para sus prácticas. Y es cierto, conectar con este sabbat puede ser un problema en algunos climas si tratas de celebrar la preparación de los campos para el sembrado cuando hay un metro de nieve sobre el suelo y todavía faltan varios meses para el primer deshielo.

Hay varias formas de lidiar con la aparente desconexión entre el propósito del sabbat y tus propias circunstancias cuando llega el 1 de febrero. Una forma que tienen algunos neopaganos de hacer esto es ajustar las fechas de la celebración del sabbat. Si normalmente ves las primeras flores del año a finales de marzo, podrías aplazar la fecha de tu celebración del Imbolc hasta ese momento. Hacerlo así te permitirá mantener tus prácticas espirituales de forma que se ajusten a la naturaleza. Los distintos hechizos e invocaciones que se utilizan comúnmente en el Imbolc parecerán más aplicables de este modo, ya que reflejarán lo que estás viendo en realidad en tu entorno natural. Muchos wiccanos y neopaganos escogen un camino espiritual basado en la naturaleza, porque les ayuda a sentirse en mayor sintonía con los ritmos del planeta. Si ese es también tu caso, ajustar la fecha en la que celebras el Imbolc podría ser la mejor solución.

Por otro lado, si consideras que el Imbolc es el punto medio entre el solsticio de invierno y el equinoccio de primavera, es difícil de justificar que se celebre varias semanas más tarde. Algunos wiccanos y neopaganos ven las cosas desde una perspectiva heliocéntrica, así que no están de acuerdo con el concepto de «mover» un sabbat a otra fecha. Desde su perspectiva, los sabbats ocurren en base a dónde se encuentre el sol en el cielo y nada más. Si te identificas más con esta perspectiva, todavía hay unas cuantas formas de hacer que el Imbolc sea más relevante para ti.

En su forma moderna, el Imbolc se celebra a menudo poniendo el foco en los aspectos simbólicos de este sabbat, más que en las señales físicas de la naturaleza. Cuando piensas en los símbolos del Imbolc como meros reflejos de los conceptos más profundos que implica este sabbat, ya no importa si hay nieve, lluvia o si brilla el sol en el exterior. Aunque es innegable que es más fácil identificarse con los conceptos abstractos del Imbolc (renacimiento, nuevos comienzos, afloramiento, descartar lo que es dañino o no se necesita) cuando los ves simbolizados por dondequiera que vayas, y esas señales en el mundo físico se interpretan como meros reflejos de verdades más trascendentes. Dicho esto, al igual que es posible celebrar el Samhain con independencia de la temperatura exterior, los significados del Imbolc se pueden celebrar sin importar lo que veas al otro lado de la ventana.

Celebrar el Imbolc en el mismo momento que nuestros ancestros antiguos nos proporciona una conexión única con nuestro pasado y con una época en la que la vida era mucho más difícil. Esta idea ha llevado a muchos neopaganos por caminos en los que realizan todos los esfuerzos posibles por reconstruir las religiones que preceden al cristianismo y sus festividades. Puede que haya varios centímetros de nieve en el suelo, o tal vez tu jardín ya haya florecido en enero, pero, en cualquier caso, realizar rituales basados en lo que sabemos de esos ancestros antiguos crea nuevas conexiones con nuestro remoto pasado. Realizar estos rituales los mismos días que nuestros ancestros hace que esa conexión sea todavía más profunda y mucho más significativa para muchos.

Aunque visitar Irlanda durante el Imbolc sin duda haría que muchos de los símbolos del sabbat cobraran vida ante tus ojos, no hace falta que nos vayamos tan lejos para sentir las energías y aprender las lecciones de esta festividad (o de cualquier otro sabbat). Mientras que muchos neopaganos y wiccanos se consideran a sí mismos devotos de la tierra, podemos aprender lecciones de cada sabbat, con independencia del tiempo y de la temperatura. Esos desafíos podrían presentársenos para que tengamos la oportunidad de aprender que los sabbats van muy por debajo de la piel, con significados que resonarán con nosotros de forma independiente a lo que ocurra en el mundo físico. Adaptarnos a esto y aprender a ir más allá de las expectativas de los demás para encontrar las nuestras propias podría ser la lección más importante de todas.

No tienes que hacer nada muy complejo para conectar a nivel personal con el Imbolc, ni siquiera en nuestro mundo moderno reforzado con hormigón. Por ejemplo, podrías dar un paseo por el parque. Aunque no es algo que a muchos se nos ocurra con el frío de principios de febrero, tal vez te sorprenda ver cuántos elementos propios de la temporada se pueden encontrar en muchos parques, y a veces incluso en tu propio jardín. Ya esté el suelo cubierto de nieve o simplemente marrón por los días más oscuros, busca las señales de la vida que se abre paso. Los pequeños brotes que atraviesan la nieve, hasta los que se enfrentan a paisajes marrones o viven en zonas muy urbanizadas pueden encontrar atisbos de las primeras señales de la verde primavera. Esas primeras plantas y flores no son solo la promesa de la nueva vida que comienza en el Imbolc, sino también la prueba de lo resistente que es la vida.

Sin importar cuáles sean los problemas que puedan habernos atormentado durante el último año, el momento de los nuevos comienzos aparece de muchas formas en el mundo a nuestro alrededor, si tan solo nos tomamos el tiempo necesario para buscar sus señales. Si te dedicas a la jardinería (o tienes la esperanza de hacerlo), este es el momento perfecto del año para decidir qué plantas quieres cultivar en la nueva temporada. Puede que sea el momento de comprar semillas. Todas esas actividades nos ayudan a conectar con la naturaleza y con sus ciclos, con independencia de dónde vivamos o de lo desconectado que parezca el entorno natural de nuestras vidas diarias. Puedes pasar una hora en un vivero local y empaparte de los aromas de la nueva vida y de la energía de las plantas que ya están preparadas para emerger después de los días de frío.

Brigid en los tiempos modernos

Para los wiccanos en particular, el Imbolc a menudo es una celebración de la diosa Brigid. Muchos identifican hasta tal punto el sabbat con ella que hasta lo llaman «Brigid» en lugar de «Imbolc». Para muchos de sus devotos modernos, el Imbolc es un sabbat muy personal y significativo muy relevante, ya que Brigid es el centro de esta festividad.

Al igual que ella era la deidad central para los antiguos celtas (y se podría decir que también para otros pueblos), Brigid es un aspecto clave del rostro de la Diosa universal. Brigid es la diosa primaria o «patrona» para muchos wiccanos y otros neopaganos. Entre las antiguas deidades que todavía se veneran hoy en día, Brigid es una superviviente ejemplar: hizo la increíble transformación de diosa a santa, y su popularidad sobrevive hasta nuestra era moderna, en la que tantas otras deidades antiguas se han perdido. Más increíble todavía es su proyección en nuestros días: no muchas diosas se han convertido en santas y después reclaman su estatus de diosas, ¡pero Brigid ha hecho precisamente eso!

Cuando el movimiento neopagano estaba ganando impulso en los años 60, un largo sector del movimiento utilizó ideas y deidades paganas para demostrar la fuerza y el empoderamiento de las mujeres de después de la guerra. Brigid es una diosa fuerte, sabia, inteligente y poderosa, y era significativa para muchos neopaganos y wiccanos cuando el movimiento comenzó a crecer. Brigid representa con creces el potencial de cada mujer de ser independiente y autosuficiente, mientras conserva sus cualidades femeninas. Brigid muestra que las mujeres, al igual que los hombres, pueden lograr cualquier cosa que se propongan hacer. Brigid también liberó a muchas mujeres de las restricciones que les imponía una sociedad dominada por los hombres. Empoderó a las mujeres y a los hombres por igual para encontrar compasión y fuerza interior.

La imagen de una diosa fuerte todavía resulta intimidante para algunos, incluso en la era moderna, pero eso no ha impedido el impresionante regreso de Brigid como diosa pagana. Irónicamente, la decisión de la Iglesia Católica de convertir a Brigid en santa fue casi con certeza un factor importante en su resurgimiento como diosa. Su mito y leyenda como santa no hizo más que crecer y la mantuvo con vida en las mentes y prácticas espirituales de las mujeres, hasta que comenzó a alzarse de nuevo en toda su gloria como una diosa para un nuevo milenio. De una forma u otra, se ha venerado a Brigid de forma continua desde la prehistoria.

Si piensas en ella, este resurgimiento de Brigid es una preciosa representación del Imbolc. Brigid es una diosa conocida por su habilidad en el uso de los disfraces. Aunque tuvo sus comienzos como diosa celta, podríamos decir que se disfrazó de santa cristiana por una cuestión de necesidad. El periodo de su santidad no era el verdadero rostro de Brigid; esta era más bien una Brigid en silencio y en un periodo de descanso, aunque continuó ayudando a los que la invocaban. Después, como si emergiera de una crisálida después de una metamorfosis de mil años, volvió a su verdadera forma de diosa, completando así el círculo. Y el Imbolc es ese momento de transformación: es el momento en el que tomas tu decisión y los cambios que deseas pueden comenzar a ponerse en marcha. Conocer la figura de Brigid fue ese momento de transformación para muchas mujeres durante los primeros años del neopaganismo.

Todavía hay grupos que aseguran tener un linaje directo con el templo original y la llama sagrada. En el siglo XXI hay una cantidad creciente de nuevas organizaciones de guardianes de la llama y vigilantes del pozo, como las Hermanas Brigidinas, el Solas Beride o el Ord Brighideach, por nombrar unas pocas. Hay organizaciones públicas dedicadas a Brigid, así como órdenes secretas en las que la gente sirve a Brigid tanto como lo hacían nuestros ancestros, a pesar de vivir en una sociedad tecnológicamente avanzada en la que tenemos cada vez menos contacto directo con la naturaleza con cada nueva generación. La historia de Brigid es sin duda una de éxito, y sus adoradores defienden con gracia sus tradiciones conocidas.

Los consagrados a Brigid siguen enfoques muy tradicionales en cuanto a la protección de la llama sagrada, que integran junto a otras posturas decididamente modernas. Hay órdenes paganas, así como cristianas, que organizan reuniones en persona y realizan rituales y ritos para proteger la llama perpetua que mantienen en su templo o en sus lugares sagrados. También hay guardianes que han desarrollado rituales mágicos modernos y técnicas espirituales que les permiten aceptar a guardianes de todo el globo para vigilar por turnos la llama sagrada.

En lo que unos consideran una acomodación moderna para la inclusión y otros un regreso a las prácticas tradicionales, hay órdenes de guardianes de la llama que dan la bienvenida a iniciados de cualquier género. En muchos sectores de la comunidad neopagana, se consideraba que ser guardianes de la llama sagrada era un papel reservado exclusivamente para las mujeres. Aunque hay razones válidas para que algunos grupos limiten su membresía de muchas formas diferentes, esta idea rígida ha ido difuminándose. Mientras los neopaganos continúan debatiendo y abordando los desafíos relativos a la inclusión de género (e incluso al mismo concepto del propio género), van surgiendo nuevas oportunidades para todo el mundo. Y el Imbolc es donde se plantan las semillas de esa inclusión.

Otras celebraciones

Día de la Marmota

Esta tradición anual que muchos de nosotros podríamos considerar como algo «puramente norteamericano» es, en realidad, (al igual que muchas otras cosas) una práctica profundamente arraigada en la historia. En algunas de estas tradiciones, la predicción del tiempo se basa en un animal viendo su sombra. Las sombras son a menudo poderosos elementos mágicos, y a veces se consideran entidades por sí mismas. En los Estados Unidos, desde hace más de un siglo existe una tradición anual, celebrada cada 2 de febrero, que convierte a una desafortunada marmota en el centro de grandes celebraciones en Punxsutawney (Pensilvania). Según la tradición, si la marmota (en Pensilvania o en cualquier otra parte) puede ver su sombra, como lo haría en un día soleado y despejado, significa que todavía quedan seis semanas más de tiempo invernal.

La tradición de utilizar a la marmota podría venir de los primeros granjeros de Nueva Inglaterra, que se recordaban a sí mismos que, con independencia del tiempo que hiciera ese día, no deberían haber utilizado todavía más de la mitad del heno que habían almacenado para alimentar a sus animales hasta que llegaran los nuevos brotes de la primavera (se utiliza la rima «*Groundhog Day, half your hay*»; es decir, «Día de la Marmota, la mitad del heno»). Aunque la adaptación de la marmota a esta tarea probablemente sea norteamericana, el resto de esta forma de adivinación del Imbolc tiene sus raíces en el pasado remoto.

Distintas culturas a lo largo de Europa y Oriente Medio han observado a los animales durante este día como pronosticadores del tiempo. Hay un poema que trata sobre la observación de una serpiente emergiendo del suelo en el Imbolc, y parece que los habitantes de las Tierras Altas de Escocia golpeaban el suelo con la intención de que las serpientes salieran a la superficie durante esta festividad.[10] Un día claro y despejado durante el Imbolc auguraba que el invierno sería largo, mientras que, curiosamente, los días grises y neblinosos o los que traían lluvia o nieve en el Imbolc significaban que el invierno ya casi había terminado. En algunas tradiciones, la simple aparición de un animal en particular es una señal de que va a llegar el tiempo primaveral.

Aunque este día puede ser festivo para muchas personas, ganó cierta popularidad hace algunos años cuando se dio a conocer una película basada en esta festividad «norteamericana». El actor Bill Murray se encontraba a sí mismo repitiendo el mismo día una y otra vez, hasta que cambiaran tanto él como sus elecciones en la vida. Dado que el Imbolc es el momento en el que comienza el cambio y cuando se barre lo viejo y se forman nuevas ideas y caminos, ¡*El Día de la Marmota* es una película muy apropiada para este sabbat!

Día de San Valentín

El 14 de febrero es el Día de San Valentín para la Iglesia cristiana, pero en el último siglo las grandes corporaciones se han «apropiado» de esta celebración para transformarla en la fiesta de los caramelos y las tarjetas de felicitación que todos conocemos (aunque tal vez no nos guste). En nuestras vidas modernas, el Día de San Valentín trata del romance y del amor, sobre todo del enamoramiento. Los orígenes de esta celebración moderna se remontan en realidad a la antigua Lupercalia romana (de la que hablamos en más profundidad en el capítulo de *Las tradiciones antiguas)*. Como se trataba de un ritual de fertilidad de mediados de febrero, los wiccanos modernos podrían ver la Lupercalia como una mezcla del Imbolc (nuevos comienzos) y el Beltane (fertilidad). Recuerda que la idea de que la primavera comienza en el equinoccio de primavera es muy moderna. Hasta hace muy poco tiempo, muchas tradiciones de la Europa occidental consideraban que la primavera comenzaba en el Imbolc. A menudo podrás ver rastros de la magia de la fertilidad (más asociada con el sabbat del Beltane) en las tradiciones del Imbolc.

Lo interesante es que, supuestamente, san Valentín fue martirizado bajos las órdenes del emperador Claudio II durante el festival de la Lupercalia. De ese modo, el 14 de febrero se tomó como la festividad de este santo desafortunado. Pero el Día de San Valentín no se convirtió en un día de advertencia sobre los excesos de las celebraciones paganas del amor y del sexo, como uno podría pensar. En lugar de eso, el Día de San Valentín adoptó muchos de los símbolos y tradiciones del mismo festival tan pagano que, tal y como dicen, le costó la vida al santo. Y hoy en día este proceso ha cerrado el círculo en cierto sentido: los aspectos cristianos de esta celebración, que se quiso relacionar con San Valentín, prácticamente se han desvanecido del espíritu de esta «nueva» festividad, que ahora consiste en honrar el amor y la fertilidad. Aunque en nuestros días es más común recibir un regalo de bombones, champán o flores, en vez de los latigazos con tiras de pieles ensangrentadas de animales, nuestra celebración moderna del Día de San Valentín tiene mucho más que ver con las ideas romanas del sexo y del amor que con el martirio de un santo católico.

La fertilidad es clave en las creencias de muchas comunidades agrícolas, y muchas de las diferentes formas de concebirla y representarla parecen fusionarse cuando comienza el Imbolc. Aunque puede que la festividad obtenga su nombre del nacimiento de los primeros corderos y de la primera leche de oveja del año, los días ligeramente más cálidos del Imbolc estimulan el apareamiento en muchos animales que tienen periodos de gestación más cortos por lo que crían a sus vástagos en la primavera, como es el caso de la mayoría de los pájaros. Esta clase de energía primaria reproductiva tiene un profundo y antiguo arraigo en la dimensión más primitiva de nuestro subconsciente colectivo. Es inusual que las energías sexuales y las energías del nacimiento coexistan en un mismo tiempo, pero sin duda ese es el caso del Imbolc. Celebramos la llegada de los días más cálidos y confortables, pero también sentimos la atracción de esa poderosa energía sexual que los romanos precristianos festejaban en la Lupercalia.

De la misma forma que los wiccanos, las brujas y otros neopaganos comienzan a reclamar las celebraciones antiguas (en vez de las cristianas que se diseñaron para reemplazarlas), como el Imbolc, el Festival de la Lupercalia (a veces llamado incorrectamente «Festival de Pan») y otras fiestas antiguas del giro de la rueda, os invito a levantar las capas de tradiciones impuestas diseñadas para esconder las celebraciones originales de la tierra y de la Diosa.

Mardi Gras

Según algunas definiciones, el Mardi Gras es una festividad religiosa, pero es poco probable que muchos en la Iglesia cristiana estén de acuerdo. El Mardi Gras (Martes graso) se celebra la víspera del primer día de la temporada de la Cuaresma, que está a seis domingos de la festividad cristiana de la Pascua. La Cuaresma es un momento de reflexión tranquila, de ayuno y de sacrificio, y comienza en el «Miércoles de Ceniza», en el que se impone una cruz de cenizas o tizne en la frente de los fieles. El Mardi Gras, por lo tanto, es una festividad que se ha convertido en una especie de celebración de los muchos vicios que se abandonarán durante la Cuaresma.

Tipificado por las celebraciones de Nueva Orleans (Luisiana) en el sur de Estados Unidos, el Mardi Gras es conocido por sus fiestas salvajes con parrandas y connotaciones sexuales muy similares a las del festival de la Lupercalia. Como decíamos antes, el comienzo de la Cuaresma viene marcado por la fecha de la Pascua, que a su vez se basa en el calendario lunar, de modo que la fecha del Mardi Gras puede caer a unos pocos días del Imbolc, aunque también puede llegar a darse tan tarde como a principios de marzo.

Aunque probablemente no esté basado en la teología cristiana directamente, el concepto del Mardi Gras sí que encaja con el Imbolc a su manera. El Mardi Gras es una celebración de la vida y sus posibilidades. Es una celebración de alegría y puras juergas con la intención de canalizar esas energías para hacer espacio para cosas nuevas. El Mardi Gras es una forma de limpieza espiritual de la casa para muchos de sus celebrantes, al igual que el Imbolc lo es para los neopaganos.

Cosas que puedes hacer hoy

Además de las muchas tradiciones antiguas y modernas que honran el Imbolc, hay una gran cantidad de cosas que puedes hacer sin necesidad de rituales complejos ni herramientas mágicas especializadas. Recuerda que el elemento clave del Imbolc es la emergencia desde la oscuridad a modo de preparación para la llegada de la primavera. El Imbolc es el momento perfecto para crear nuevos planes y hacer nuevas conexiones, y para preparar-nos para el cambio de tiempo radical que se aproxima. También es el momento perfecto para eliminar obstáculos y limpiar las energías que se interponen en el camino de la primavera floreciente de tu vida.

Limpieza

No hay ninguna razón para esperar hasta el equinoccio de primavera para comenzar con una buena limpieza de los espacios que se han quedado atestados de los recuerdos del largo invierno. Aunque en algunas regiones tal vez no vayas a poder guardar las botas de nieve todavía, puedes limpiar el desorden que haya a tu alrededor, tanto físico como mágico. Incluso los hogares más felices pueden quedarse saturados con las vivencias del día a día, la acumulación accidental de objetos como revistas, cartas sin abrir, libros que nunca volvieron a colocarse en la estantería, etc.; además de la acumulación tal vez más sutil de energías negativas que provienen de fuentes como facturas inesperadas, discusiones sobre la hora de llegar a casa y otros sucesos estresantes en nuestras vidas diarias. Tendremos, más adelante, nuevas oportunidades de airear nuestros hogares con la llegada del tiempo cálido para que estén menos cargados en muchos sentidos. Los meses de puertas cerradas pueden dejar capas de energías indeseadas, y los espacios interiores pueden llegar a causar estrés físico en algunas personas.

El acto de limpiar una sola estancia de tu hogar puede suponer una bocanada de energía positiva que te proporcionará paz mental y espiritual. A veces, la limpieza es contagiosa y es posible que otros se unan a ti. Aunque trabajes duro para evitar el estancamiento físico incluso en las profundidades del invierno, es importante limpiar las energías negativas que se acumulan cuando empiezan a subir las temperaturas. Puedes utilizar una escoba tradicional (utilizada por muchas brujas, wiccanos y otros) para barrer las energías negativas, al igual que barrerías el polvo, pero tampoco necesitas esa herramienta especializada; una escoba corriente funciona igual de bien. Algo maravilloso es comenzar limpiando el polvo cerca del techo y después trabajar hacia abajo, en dirección al suelo. Mientras estás en ello, visualiza todas esas energías acumuladas aferrándose al polvo. Así, cuando lo barras, las vibraciones negativas se irán con él.

Recuerda que también puedes ayudar a limpiar los espacios de otras personas. El servicio a los demás ha sido y sigue siendo una parte del camino de muchos neopaganos. Hay personas que no son capaces de dar el paso y tomar la iniciativa de limpiar un espacio con la misma facilidad que la mayoría de nosotros. ¿Qué mejor forma hay de celebrar el Imbolc que ayudar a las personas con más limitaciones físicas a limpiar sus hogares? Los beneficios de limpiar un espacio con «desorden» físico y mágico se amplifican para aquellos que están limitados a nivel físico y rara vez pasan su tiempo en otra parte. Puedes ayudar a los demás a prepararse para la llegada de la primavera mientras limpias tu mente y tu espíritu. Tan solo necesitas la fuerza de voluntad para hacerlo.

Plantar una semilla

Aunque el Imbolc tiene lugar antes de que plantar en el exterior sea recomendable en muchas partes del mundo, en las islas británicas este sabbat señalaba el comienzo de la primavera, y a menudo era posible sembrar en esta época para los antiguos celtas. En la edad moderna, podemos plantar semillas en el Imbolc con independencia de la temperatura que haya en el exterior. La semilla es al mismo tiempo una representación literal y simbólica del Imbolc. De forma literal, la semilla representa el comienzo del trabajo, la vida y los nutrientes que proporcionará; la comida es la diferencia entre la vida y la muerte para todos nosotros. Sin embargo, la semilla también sirve como representación simbólica del Imbolc, ya que encarna al potencial. De forma muy similar a un huevo sin eclosionar (que a menudo se asocia con el siguiente sabbat, el Ostara), la semilla sin plantar y sin germinar puede contener muchas cosas.

Aunque con solo mirar una semilla, a menudo, sabrás qué especie de planta la ha producido, sigue siendo difícil saber con exactitud lo que vas a obtener si la plantas. La semilla podría germinar y crecer hasta convertirse en una planta grande y saludable, pero también podría ser débil y no crecer apenas por mucho cuidado y nutrición que le proporciones. A veces, una semilla ni siquiera germina en la clase de planta que podría esperarse. Al mirar la semilla de un tomate no puedes saber si saldrán tomates grandes y robustos, o si producirá un montón de tomatitos *cherry*. Muchas especies de melones producen semillas que son prácticamente indistinguibles para los que no tenemos una carrera en botánica. Puede que pienses que estás plantando calabacines, pero en realidad sean semillas de calabaza. Y algunas semillas ni siquiera llegan a germinar. Cuando mires esa humilde semilla, piensa en cuánto potencial tiene.

Nuestras vidas diarias también están llenas de semillas. Cada proyecto que inicias, desde abrir un nuevo negocio hasta trabajar haciendo voluntariado en un festival local, es como plantar una semilla. Cuando te planteas un nuevo proyecto, piensas que sabes lo que es y el resultado que dará. Sin embargo, cuando lo plantes, crecerá según lo que desee la naturaleza, y podrías acabar obteniendo algo muy diferente a lo que habías imaginado en un principio. Algunas de las cosas que crecen de estas semillas son como plantas anuales. Haces el proyecto una vez y, en cuanto lo concluyes, ya no vuelves a intentar hacer ese mismo proyecto. Algunas de tus iniciativas pueden producir otras semillas por sí mismas, de modo que, al completarlas, estas planten de inmediato nuevas semillas que darán lugar a la siguiente generación de plantas, como sería, por ejemplo, trabajar en una recaudación de fondos anual un año tras otro.

Las semillas más importantes que plantamos son aquellas que queremos. En cuanto esas semillas germinan, ya son parte de tu vida para siempre. Iniciar un matrimonio es plantar una de estas semillas. Aunque a veces los matrimonios mueren, con la misma frecuencia hay otros que se fortalecen año tras año. Los hijos son las semillas definitivas. Una vez un hijo haya «germinado», lo cuidarás y lo criarás con la esperanza de que ese hijo te sobreviva muchas décadas. Todas las analogías tienen sus límites, pero reflexionar sobre la germinación y el crecimiento de una semilla es una idea que puede generar muchas horas de interesantes cavilaciones.

Puedes manifestar esta meditación plantando semillas de verdad, incluso en los climas más fríos. Tu tienda local de alimentación o de productos para el hogar probablemente no venderá solo semillas, sino también bandejas, macetas y tierra que te permitirán plantar en el interior incluso cuando haya una gruesa capa de nieve en el suelo. Si te dedicas a la jardinería, el Imbolc es a menudo un momento estupendo para comenzar a plantar en el interior plantas que después podrás trasplantar a tu jardín cuando llegue el tiempo más cálido. En algunos climas más cálidos, el suelo está en las condiciones adecuadas durante el Imbolc como para plantar las semillas directamente en la tierra.

Aunque es más fácil para los jardineros comprar plantas ya listas para trasplantar en el suelo en lugar de cultivarlas desde una semilla, hay un placer único en el hecho de criar una planta desde la semilla hasta su completa madurez. Si deseas plantar semillas como parte de esta meditación y ya tienes mano con la jardinería, simplemente incorpora esta práctica en tu plantado anual.

Si no tienes experiencia cultivando plantas o si te has convencido de que se te da mal la jardinería, deberías elegir semillas con las que sea fácil trabajar y que germinen sin problemas. Los girasoles son por lo general fáciles de germinar y de cultivar, así que podrían ser una buena elección. Si estás plantando en el exterior durante el Imbolc, podrías plantar rábanos o lechugas. Los dos son muy flexibles para los jardineros inexpertos, y los rábanos terminarán de crecer en solo unas pocas semanas. También puedes simplemente meditar sobre las ideas y conceptos asociados a las semillas sin necesidad de plantar nada.

Tanto si plantas semillas de verdad como si tan solo siembras ideas en tu imaginación, los conceptos que conlleva la semilla a nivel físico o simbólico son dignos de estudio y meditación. Si planeas plantar de verdad, reúne los materiales en un lugar en el que puedas trabajar mientras te sientas de forma cómoda. Si tan solo vas a plantar en tu imaginación, intenta mantener el mismo ritmo que requeriría plantar una semilla de verdad. La mejor forma de conseguir esto es realizar en tu imaginación todas las acciones que harías en el mundo físico. Podría ser más fácil lograrlo si plantas físicamente una única semilla en la tierra. Esa única semilla representativa que plantes podría sorprenderte y crecer hasta convertirse en una planta magnífica.

Comienza preparando tus bandejas de semillas o macetas para plantar. También puedes utilizar tiestos de turba biodegradables que se expandan al humedecerse. Con independencia de las herramientas que decidas emplear, cuando prepares el suelo para plantar, piensa en la importancia de esta adecuación. Las semillas tienen posibilidades de crecer en cualquier suelo, si hay humedad, pero prosperarán si la tierra está suelta y cargada de nutrientes. Especialmente si el suelo está libre de plantas competidoras y el agua y la luz del sol están presentes.

¿Cómo se relaciona esto con tus planes para los días de calidez venideros? Si tienes semillas metafóricas (planes o proyectos, incluyendo incluso los antiguos que recuperarás en el nuevo ciclo), ¿has preparado el suelo para que puedan prosperar? ¿Qué puedes hacer para prepararte ante la siembra de tus semillas si quieres asegurarte de que crecerán saludables y fuertes?

Llevar estas ideas al mundo físico servirá para que te cuestiones si te has preparado para realizar los planes que hay dentro de tus semillas. Si tienes planeado comenzar con una empresa nueva, ¿has elaborado un plan de negocios o has reunido los recursos que necesitará tu proyecto para funcionar? ¿Cuentas con personas apropiadas y talentosas preparadas para ocuparse del trabajo que requerirá tu negocio? Todos estos son pasos que podrías dar con el objetivo de preparar el «suelo» para plantar las semillas de tu nueva empresa. Como verás, este enfoque se puede adaptar a cualquier clase de semilla que esperes cultivar. Utiliza esta meditación para plantearte lo que necesitará cada semilla antes de que comience la siembra.

A continuación, deberías plantar tus semillas. Coloca las semillas dentro o encima de la tierra que hayas preparado para ellas. Distintos tipos de semillas requieren distintos tipos de siembra. Algunas plantas producen semillas pequeñas que se desperdigan sobre el suelo húmedo, mientras que otras tienen que enterrarse unos centímetros por debajo de la superficie de la tierra, de modo que al despertar atraviesen con la cabeza la superficie del suelo por su cuenta. Si estás plantando semillas desconocidas, consulta el paquete para asegurarte de que estás siguiendo el método más apropiado para plantarlas.

Ahora, reflexiona sobre cómo esa misma idea se traduce a tus planes y proyectos venideros. ¿Sabes cuál es el mejor sistema para plantar cada una de tus semillas? Si es así, ¿eres capaz de llevar a cabo esa siembra? Volviendo otra vez al ejemplo del nuevo negocio, podrías preguntarte si estás ubicando esta empresa en el mejor lugar posible. Después de todo, la ubicación física de un negocio puede tener un impacto significativo sobre su éxito. ¿Estás situándolo en un entorno en el que podrá prosperar, o has escogido un lugar que condenará a la semilla a la muerte?

A continuación, riega tus semillas recién plantadas. Distintos tipos podrían requerir diferentes cantidades de agua para garantizar la germinación. Demasiada agua puede hacer que las semillas pequeñas se ahoguen, mientras que las semillas grandes podrían necesitar que las empapes bien para propiciar la germinación. Una vez hayan brotado las semillas, si no las riegas lo suficiente, podrían secarse y morir. Si las riegas demasiado, podrían morir a causa de la putrefacción de sus raíces o por infección de hongos. Tienes que saber la cantidad exacta de agua que necesitan para el máximo crecimiento. Cuando llegue el momento, tendrás que decidir qué clase de fertilizante utilizarás, y cuál es la mejor forma de aplicarlo para ayudar a tus nuevas plantas a crecer.

¿Cómo se trasladan estos aspectos a los proyectos y planes de tu vida? Siguiendo con el ejemplo del nuevo negocio, podríamos interpretar el agua como tu inversión en la empresa, y el fertilizante podría ser la campaña publicitaria. Para diferentes tipos de proyectos estas ideas se seguirían aplicando, pero tu tarea es decidir cómo. ¿Cuál es el agua que necesitan las semillas que esperas que germinen cuando llegue la primavera?

Puede parecer algo muy simple, plantar una pequeña semilla seca en la tierra húmeda, pero esto puede ser una metáfora verdaderamente compleja de los planes que hacemos. Imbolc es un momento no solo de hacer planes, sino de plantar las semillas de tus proyectos e ideas en suelo fértil para que puedan germinar y echar raíces a modo de preparación para la temporada de crecimiento que está a punto de comenzar.

Haz algo positivo, pero poco propio de ti

Imbolc no trata solo de emerger de la hibernación; también trata de idear planes para el futuro. Aunque a veces la decisión más inteligente es continuar con nuestros planes del año pasado, Imbolc es un momento para revisar esas intenciones y hacer cambios según sean necesarios. Aunque «mantener el rumbo» puede ser una buena decisión, es también una forma muy fácil de caer en los viejos hábitos. Mientras examinas tus planes para el próximo año, asegúrate de mantener la mente abierta a nuevas ideas y enfoques. Una forma estupenda de hacer eso es utilizar el Imbolc como un momento para hacer algo que nunca antes hayas llevado a cabo.

Hacer una cosa nueva puede inspirarte y te ayudará a ver las cosas bajo una luz nueva. Podrías considerarlo como una limpieza para tu cerebro. Las nuevas actividades exigen que pensemos de forma diferente a como lo habíamos hecho hasta entonces. Posiblemente, nos conduzcan a nuevas perspectivas sobre viejos problemas en muchos aspectos de la vida. Podrías hacer algo radical, como volar en un avión por primera vez, o hacer tu primera carrera de cinco kilómetros, y ambas cosas sin duda abrirían tu mente a nuevas ideas. Para la mayoría de nosotros, un paso mucho más pequeño funcionará igual de bien. Podrías hacer algo tan sencillo como ir al cine sin compañía por primera vez, o probar a comer en un restaurante nuevo. Habla con un extraño en la cola del supermercado. Prueba una clase de pasta que no hayas probado antes. Es sorprendente lo adictivo que puede llegar a ser esto. Si te encantan los museos de arte, tal vez pasar una tarde en la pista de patinaje podría darte una perspectiva completamente nueva sobre tus planes de futuro. Utiliza el Imbolc para hacer cosas poco propias de ti, cosas que nunca habías pensado que pudieras llegar a hacer. Eso podría darte la confianza para llevar a cabo cambios más trascendentes y abrir camino a nuevas formas de pensar.

Da las gracias a un extraño que lo merezca

El Imbolc es un sabbat transformador, y por eso ponemos el foco en las nuevas ideas y tratamos de liberarnos de los planteamientos más antiguos que nos están refrenando. Aunque algunos podrían describir esto como «salir de la zona de confort», el concepto es que hablar con alguien que tal vez solo conozcas de vista, o con una persona con quien solo hayas mantenido conversaciones «estrictamente laborales», es hacer algo nuevo. Puede que sientas ansiedad ante la idea de charlar con esta persona, pero, aunque el encuentro dure solo un momento, sentirás la energía de haber dado un paso por un camino diferente. Y también está la posibilidad de que pueda surgir una nueva amistad positiva.

¿Hay alguien en tu biblioteca local que siempre te encuentra el libro que necesitas? O tal vez haya alguien en la caja del supermercado que siempre se asegura de que tu cartón de huevos no contenga ningún roto. ¿Qué hay de esa persona del trabajo que siempre mantiene abierta la puerta del ascensor para la gente que llega un pelín tarde? Todos conocemos a alguien que realiza una labor «desagradecida». Aunque sean solo las cosas más pequeñas, reconocer las buenas acciones que hacen los demás te aportará el beneficio de probar algo nuevo, así como la satisfacción de ofrecer reconocimiento a una persona que se lo merece. También podrías ayudar a despejar parte del caos mental invernal de la otra persona.

Etiqueta para encender velas

Dado que el Imbolc es un sabbat muy relacionado con las velas, es importante comprender unas cuantas indicaciones generales a la hora de utilizarlas. Tu tradición o tu cultura puede que ofrezcan directrices específicas sobre las velas. Si es así, deberías seguir siempre esas normas. Pero, en caso contrario, ten unas cuantas cosas en mente cuando las utilices. Las velas se usan a menudo para encender otras velas. Cuando hagas esto, tienes que tener cuidado de minimizar la cantidad de cera de una vela que se mezcla con la cera de las demás (sobre todo cuando son de colores diferentes o se han creado con energías diferentes). La mezcla de las ceras de diferentes velas puede ser una técnica mágica útil y divertida, pero solo si se hace de forma intencional. Y, como es evidente, las velas sufren el impacto de la brisa, así que hay que protegerlas de las corrientes lo máximo posible.

Muchos wiccanos y neopaganos consideran que soplar una vela para apagarla es de lo más irrespetuoso, porque es un acto que se interpreta como el empleo del elemento del aire para derrotar al elemento del fuego. Para evitar mostrar esa falta de respeto, por lo general se considera que lo adecuado es apagar las velas pellizcando la mecha o bien utilizando un apagavelas. Si al final decides soplar las velas que has utilizado para la magia, al menos ten cuidado de no salpicar con la cera caliente cuando las estés extinguiendo. Los apagavelas son muy baratos, y los hay de una gran variedad de tamaños y diseños, tantos casi como en el caso de las propias velas.

HECHIZOS Y ADIVINACIÓN

from sleep, cleansing, sprouting seeds, fertility, transitions,
...ion, rebirth, transformation, youth, well-being, emergence, ...
...nomical midpoint between the winter solstice and the vernal eq...
...15 degrees of aquarius in northern hemisphere, sun at 15...
...outhern hemisphere, female; the goddess transforming from ...
...the goddess in the form of young mother tending to her gro...
...od in the form of a child exploring the world, the innocence ...
...e, Brigid, Aphrodite, Diana, Frigg, Artio, Arthur, ...
... Inanna, Juno, Selene, Vesta, Felix, Februus, Braga, ...
...n Cecht, Dumuzi, Eros, light green: abundance, growth fer...
...calming, new beginnings and prosperity, pink: harmony, lo...
...on, love, spiritual healing, virtue, spring, honor, contentment, ...
...peace, protection, healing, truth, divination, purification, ...
...itality creativity, communication, the sun, cleansing, psy...
...angelica: balance, new beginnings, consecration, insight, pr...
...success, basil, clarity, divination, love, money, protection, ...
...ckberry: growth, attachments, fertility, intuition, prosperity, ...
...nnamon: balance, blessings, courage, protection, purification, ...

Aunque se puede tratar de hacer toda clase de magia en cualquier época del año, los hechizos a menudo están potenciados cuando se realizan durante tiempos especiales, como los sabbats que estén relacionados de forma más directa con el trabajo que se esté realizando. Los hechizos y adivinaciones de este capítulo deberían ajustarse para que encajen con tus propias necesidades y con los símbolos de tu camino particular. Aunque el Imbolc está fuertemente influenciado por sus raíces celtas, también hay hechizos que vienen de tradiciones modernas que están construidas sobre creencias de todo el mundo.

Adivinación con velas de Brigid

Este es un ejercicio de adivinación muy sencillo que utiliza el emblema del Imbolc: la vela. Si no tienes mucha experiencia con la adivinación, esta simple técnica es una gran introducción a este arte. Puedes pensar en ello como en el equivalente en adivinación de un examen con preguntas de elección múltiple, o casi como una tabla Ouija simplificada.

Necesitarás:
  – Una vela estrecha y alargada (que no sea grande, una vela pequeña de cumpleaños es apropiada para este ejercicio)

- Un trozo de cartulina blanca o papel grueso (una tarjeta tipo ficha es una buena elección)
- Un rotulador permanente o un bolígrafo
- Una superficie resistente al calor y al fuego (como hormigón, ladrillo o cerámica; también puedes usar un plato viejo de loza)
- Una pregunta que hacer y posibles respuestas
- Un mechero o cerillas.

Como suele ocurrir con la adivinación, la parte más difícil es crear la pregunta perfecta. Asegúrate de que tu pregunta sea específica y esté claramente definida. Una pregunta como «¿Qué tiempo va a hacer mañana?» no está tan claramente definida como «¿Va a llover mañana?». Crear las respuestas para la primera pregunta sería difícil, porque hay muchas posibilidades.

Escribe las posibles respuestas a tu pregunta en la tarjeta o en la cartulina y marca una sección de la superficie para cada respuesta. Observar cómo se funde la cera sobre la tarjeta determinará cuál es la respuesta indicada. Es más fácil si planeas hacer una pregunta que se responda con «sí» o «no», aunque también puedes incluir otras respuestas posibles. Intenta que no haya más de cuatro posibles respuestas, para que la interpretación sea más sencilla.

Con el rotulador crea una sección de tu papel para cada posible respuesta. Necesitas que cada parte tenga el mismo tamaño, y que estén todas conectadas en el centro. Si estás haciendo una pregunta de «sí» o «no», esto podría ser tan fácil como trazar una línea en el centro del papel y escribir «sí» a un lado y «no» al otro. Si tienes cuatro posibles respuestas, divide el papel trazando una cruz en el centro y escribiendo una respuesta en cada uno de los cuartos que hayas creado. La pregunta no tiene por qué estar escrita en el papel, así que podrás reutilizarlo si las mismas respuestas se pueden aplicar también a otras preguntas.

Cuando estés seleccionando las posibles respuestas, ten en cuenta que la respuesta a tu pregunta podría no ser una de las opciones que hayas escrito. Si eso es una posibilidad, haz que una de las respuestas sea «otra cosa» u «otro» para que pueda haber respuestas que no te hayas planteado. Cuando tengas todas las respuestas marcadas en zonas del mismo tamaño, tendrás que colocar la vela sobre el papel o la tarjeta. La forma más sencilla de hacerlo es poner una o dos gotas de cera fundida (de la parte de abajo de tu vela de adivinación o de una vela diferente) justo en el centro, y después apretar rápidamente la base de la vela contra la cera fundida. Espera unos momentos a que la cera se enfríe, y así se pegará tu vela a la tarjeta.

Tu vela de adivinación ya está lista para ser utilizada. Colócala sobre una superficie ignífuga y siéntate o colócate de pie frente a ella. Asegúrate de que en el espacio que estés utilizando no haya corrientes de aire que puedan agitar la llama y cambiar los resultados de la adivinación. Relájate y despeja la mente, y después ofrece con mucha claridad tu pregunta, con las palabras muy bien escogidas. Comienza invocando a Brigid:

Diosa Brigid, Diosa de la Llama, Sanadora y
Guardiana del Pozo Sagrado,
te pido que me honres hoy con tu presencia
y me muestres la respuesta a mi pregunta.

Lee o recita tu pregunta en voz alta, y después enciende la vela. Utiliza cerillas o un mechero en lugar de una segunda vela (ya que esta podría derramar cera y distorsionar los resultados).

Mientras la vela arde, centra tu atención en la llama de la vela y obsérvala mientras salta y bailotea. Mientras la observas, piensa en tu pregunta. Intenta visualizarla dentro de tu mente. Con lentitud, baja la mirada hasta la vela. Observa la cera mientras comienza a gotear por los laterales de la vela. A veces, la cera cae por un solo lado y continúa por ese camino mientras arde, pero en otras ocasiones puede dar giros inesperados. Debido a esto, siempre debes permitir que la vela arda hasta extinguirse por completo. Hasta que la vela no se haya extinguido, los resultados podrían no ser precisos. Si no tienes más remedio que apagar tú la vela antes de que se extinga sola, déjala en su sitio y vuelve a encenderla tan pronto como te sea posible. Nunca dejes una vela ardiendo sin supervisión.

Ten cuidado para que no se queme la tarjeta o el papel. Si el papel comienza a chamuscarse, deberías apagar la vela de inmediato. Si no, deja que se extinga sola. En cuanto la vela se haya apagado, permítele que descanse un poco para que se enfríe. Si hay un trozo de vela todavía sobre la tarjeta, hazlo girar con cuidado y quítalo sin perturbar al resto de la cera.

Cuando la cera se haya enfriado y hayas quitado el trozo de vela (si es posible), podrás leer e interpretar los resultados. La mayor parte de las veces podrás ver con claridad cuál de las respuestas de tu tarjeta está cubierta con más cera, lo que indica que esa opción es la correcta. En otras ocasiones, la cera podría fluir y acumularse en zonas diferentes de la tarjeta. La respuesta que tenga más cera es la que deberías tener en cuenta. Si te resulta demasiado difícil determinar cuál es la que tiene más cera, puedes usar un cuchillo afilado para cortar la cera fundida siguiendo las líneas entre las posibles respuestas. Después, quita la cera de la tarjeta y compáralas (o hasta puedes pesarlas). Aunque es difícil decidir entre dos respuestas con cantidades similares de cera, podría ser una indicación de que hay algo de verdad en ambas opciones.

Empoderamiento de la Luna de Leche

La Luna de Leche, también conocida a veces como «Luna de la Madre», es normalmente el segundo ciclo lunar del calendario gregoriano, y casi siempre es la luna que hay en el cielo durante el Imbolc. El calendario solar es el que nos ofrecen nuestros sabbats, pero el calendario lunar es el que nos confiere las celebraciones basadas en los ciclos de la luna. Aunque estos dos sistemas de calendario diferentes no tienen una relación matemática entre ellos, ambas fórmulas reconocen las realidades de la vida en cualquier momento. Como consecuencia, los mecanismos de los dos calendarios a menudo se complementan entre ellos, y ese es, sin duda, el caso de la Luna de Leche y el Imbolc.

El ciclo de la Luna de Leche puede llegar a comenzar tan pronto como el 25 de diciembre (con la luna nueva) y acabar tan tarde como el 22 de febrero. Esta luna es muy aplicable al Imbolc y, aunque hay muchas formas maravillosas de aplicar las lecciones de este ciclo lunar, lo haremos a través del siguiente hechizo que se centra en el empoderamiento personal. Si buscas otras formas de aplicar los ciclos de la luna a tu vida, te sugiero leer el maravilloso libro de Annette Hinshaw, *Earth Time, Moon Time* (Llewellyn, 1999). Aunque este hechizo funciona mejor si se hace bajo el poder de la Luna llena de Leche, se puede realizar en cualquier momento de este ciclo lunar.

Este hechizo está, sobre todo, dirigido a los más «generosos» de las comunidades wiccanas y neopaganas, esas personas que sabemos que están dispuestas a ayudar a cualquiera sin pensárselo. Son esa clase de seres humanos que se pararían en el arcén para asistir a un desconocido con el coche averiado, o que se ofrecerían a ayudar a alguien con su mudanza sin que se lo pidan. Tienen corazones muy generosos, pero a menudo se olvidan de una parte lógica muy importante: si no cuidamos de nosotros mismos, no podemos ayudar a los demás. Es una de las primeras cosas que aprenden los estudiantes en cualquier clase de entrenamiento de salvamento. Muchas de las personas generosas de nuestras comunidades se centran tanto en los demás que se olvidan de mirar en su interior y cuidar de sí mismos para asegurarse de disponer de la fuerza suficiente para ayudar. A veces, la naturaleza generosa de algunas personas también los lleva a convertirse en las víctimas de aquellos que quieren explotarla.

Este hechizo tiene la intención de ayudar con ese problema dando permiso a la persona que lo realiza (tú) para mirar en su interior y comenzar a sanar las heridas ocultas de su yo interior.

Equilibrar el deseo de ayudar a los demás con el autocuidado que te proporcionará la energía que necesitas para tener una vida satisfactoria es difícil. No solo está bien preocuparte por ti de vez en cuando, sino que también es algo crucial para tener una vida feliz y equilibrada.

Lo único que necesitas para este hechizo es una vela blanca exclusiva para este trabajo en un sujetavelas, un lugar seguro donde colocarla mientras arde, y una buena vista de la luna (sirve con mirar por la ventana). Como con muchos hechizos, lo mejor es hacerlo por la noche, aunque la luna no depende de los ciclos solares del día y la noche. De hecho, a veces podrás ver una hermosa luna flotando en un horizonte y el sol en el otro, así que el hechizo podría realizarse durante el día. Si trabajas en el interior en ese caso, intenta oscurecer la habitación todo lo que puedas y cubre la ventana, salvo por una abertura por donde puedas ver la luna con claridad.

A ser posible, deberías colocar la vela en un lugar donde pueda arder de forma segura y donde también puedas sentarte mientras contemplas la vela y la luna al mismo tiempo. Si eso no es posible, intenta colocar la vela de forma que se pueda acceder a ella fácilmente desde tu asiento, y que la luna y la vela sean visibles sin que tengas que girar demasiado la cabeza. Antes de encender la vela, siéntate y observa la luna. Simplemente mira la superficie y permite que su energía penetre en tu interior. Cuanto más cercano sea el momento a la luna llena, más energía es probable que sientas, pero hasta una luna creciente es poderosa. Deja que tu mirada recorra la superficie de la luna y tranquilice tu mente. Reflexiona durante unos momentos sobre la intensa paz que puedes sentir gracias a su energía.

En cuanto sientas calma y tranquilidad, levanta los brazos en dirección a la luna y recita:

Hermosa Hermana Luna:
Durante este ciclo de la Luna de Leche,
te pido que me nutras
y me ayudes a reponer mi propia energía.

Ayúdame a contar con la fuerza que necesito
para ayudar a los demás,
y muéstrame los momentos en los que sería mejor
no tender la mano.

Dame la sabiduría para saber cuándo decir que no,
y el valor para mantenerme firme en esa decisión.

Mientras enciendo esta vela, te pido que me envíes tu vigor
para que hasta mis heridas invisibles se sanen.

Otorga tu poder a esta vela, encendida en tu honor.

Prende la vela. Si puedes cogerla sin peligro, tómala con ambas manos y alinéala de modo que la llama se encuentre en el centro de la luna mientras la contemplas. Inclínate con respeto hacia la luna y después vuelve a colocar la vela sobre una superficie segura. Siéntate en silencio y observa cómo arde la vela. Mientras la miras, piensa en las cosas que haces por los demás. No piensases solo en las veces que has brindado una ayuda espectacular, como cambiarle la rueda del coche a alguien, sino también en las cosas pequeñas que llevas a cabo en tu día a día, como sujetarle la puerta a alguien, dejar que pase otra persona delante de ti en la cola del banco, bloquear el tráfico con el coche mientras una mamá pato cruza la calle con sus patitos, y todas las formas a través de las cuales compartes tu energía con los demás; todas ellas son dignas de recordar.

Mientras observas el poder de la luna rodeada por la llama de tu vela, visualiza unas gotitas de agua saliendo de la llama de la vela y entrando en ti hasta las profundidades de tu ser. Cada gota te ayuda a sanar y a recuperar energías desde dentro hacia fuera, proporcionándote así las fuerzas que necesitas para seguir ayudando a los demás.

No deberías utilizar este hechizo como excusa para cantar tus propias alabanzas al mundo. Esta es una tarea muy privada para ayudar a mantener tus reservas de energía, no tu ego. Puede que tengas heridas como consecuencia de ayudar a los demás y ni siquiera te des cuenta de cómo estos eventos pasados podrían estar impidiendo que hagas lo que te propones, incluso aunque, a simple vista, no tenga la más mínima relación con esos hechos ya lejanos en el tiempo. Mientras contemplas la vela que arde, también deberías escuchar con atención para ver si recibes alguna percepción sobre alguna situación o persona en particular.

Cuando hayas terminado, tendrás que extinguir la llama de forma apropiada. Cada vez que sientas que tu energía se agota a causa de tu esfuerzo por los demás, enciende la vela y reflexiona sobre tus propias necesidades. Y recuerda: ¡no te detengas en un pensamiento! Cuando este hechizo te ayude a darte cuenta de una necesidad que tienes, no la ignores. En lugar de eso, actúa para ocuparte de esa necesidad, de modo que puedas ayudar sin problemas a la siguiente persona que te necesite.

Bendición de las velas

Con la profunda conexión que hay entre el Imbolc y las velas, este es también un momento en el que tradicionalmente se han bendecido las velas que se utilizarán a lo largo del año. Si fabricas tus propias velas, puedes empoderarlas mediante el proceso de elaboración, aunque también es muy poderoso bendecirlas cuando estén terminadas. Aunque la magia de las velas que se fabrican conjuntamente debe diferenciarse, la bendición no tendrá ningún efecto sobre esas especificidades. Debido a esto, puedes bendecir diferentes tipos de velas creadas para distintos propósitos. Puedes bendecir al mismo tiempo, por ejemplo, velas sanadoras, velas de prosperidad o velas de protección. No supone ningún problema bendecir más de una vela a la vez, de modo que, si ya bendijiste una vela el año pasado, no pasa nada por volver a bendecirla si todavía está sin usar.

Comienza cubriendo tu altar o una mesa pequeña con una tela blanca. Los colores de la vela no importan. Puedes pensar en la tela blanca del altar como un color «neutro» que no influirá en las energías específicas de las velas que vayas a bendecir. Para este hechizo no tendrás que caminar detrás del altar, así que hasta puedes emplear una mesa que esté contra una pared. Coloca una sola vela blanca en un portavelas apropiado en el centro del altar. Esta vela no tiene por qué ser nueva, es la única vela que se va a encender como parte del hechizo, y la única que puede haberse usado con anterioridad.

Con este método se pueden bendecir toda clase de velas, así que reúne todas las que quieras consagrar. Coloca velas estrechas, gruesas, votivas, de té, flotantes y velas en recipientes sobre tu altar de una forma que te resulte agradable para la vista. Si alguna está en una caja o envuelta, sácala de su embalaje para que se pueda ver con claridad. Si tienes velas envueltas en plástico transparente, puedes dejárselo puesto. Lo importante es que seas capaz de ver cada una de ellas.

Colócate de pie frente al altar y respira hondo varias veces. Despeja la mente mientras te anclas a la tierra y te centras. Si no conoces el concepto de anclarse a la tierra, solo tienes que colocar los pies en el suelo a la anchura de tus hombros. Levanta los brazos y respira de forma lenta y profunda. Visualiza unas raíces creciendo desde tus pies y atravesando el suelo. Las raíces crecerán con rapidez hacia la tierra, sin importar a cuántas plantas por encima de la superficie te encuentres. A continuación, visualiza que de tus brazos extendidos crecen unas ramas que se extienden hacia el cielo, hasta que tengas una conexión absoluta con el propio aire. Cuando puedas ver estas cosas con claridad en el ojo de tu mente, ya estarás en condiciones de comenzar. Las deidades que se invocan en este hechizo están todas asociadas con la temporada del Imbolc, pero puedes (y deberías) ajustar la lista para incluir a cualquier deidad patrona que puedas tener. Además, puedes considerar este hechizo como una oportunidad para reflexionar sobre tus propias prácticas y tu panteón. Si deseas incluir a Ganesha en la lista de dioses, deberías realizar esa invocación concreta antes de la consagración a la Gran Diosa hembra.

Comienza con una invocación a la divinidad femenina:

Gentil Diosa, vengo ante ti esta noche/día
para pedirte que otorgues tus bendiciones
a estas herramientas de fuego y luz que he reunido aquí.

Brigid, Diana, Afrodita, Danu e Innana:
Te invoco, Diosa, en todas tus formas,
para que otorgues tus bendiciones a estas velas
para que siempre proporcionen la energía pura
y auténtica del universo
sin causar nunca daño o mal alguno a nadie.

Que estas velas siempre te complazcan
y te invoquen a través de sus pequeñas llamas.

Enciende la vela blanca que has colocado en el centro del altar, y después realiza una invocación a la divinidad masculina:

Gran Dios, me coloco frente a este altar esta noche/día
para pedirte que otorgues también tus bendiciones
a las velas aquí reunidas.

Pan, Februus, Bragi y Cupido:
Te invoco en todas tus formas para que otorgues
tus bendiciones a estas herramientas de fuego y aire,

para que siempre proporcionen una energía
que sea firme, auténtica y positiva.

Te pido que protejas estas velas
de energías externas que puedan mancillarlas.

Que estas velas siempre te complazcan
y te invoquen a través de sus pequeñas llamas.

Dirige la mirada hacia la vela blanca encendida. Siente toda la energía que has reunido en el espacio que hay alrededor de tu altar. Mientras observas la llama bailando alrededor de la mecha de la vela, visualiza esa energía fusionándose con esa flama. En cuanto la energía se haya congregado, comenzará a extenderse desde la llama de la vela hasta las otras velas de tu altar. Visualiza ese proceso propagador. La energía podría aparecer como chispas de luz que flotan hasta las demás velas, destellos como si de pequeños relámpagos se tratara, haces de luces que se extienden hasta las demás velas, o de cualquier otra forma. Tan solo asegúrate de que tu visualización incluya a todas y cada una de las velas (preferiblemente, sus mechas). Por eso es por lo que es tan importante que puedas ver bien todas las velas.

Cuando cada vela haya sido tocada por la energía, da las gracias a los poderes que has invocado:

Gran Diosa, en todas tus formas
me traes bendiciones cada día de mi vida,
así que te doy las gracias por venir aquí
para ofrecer más bendiciones a estas velas.

Gran Dios, todas tus facetas me protegen,
al igual que has brindado tu protección
a las velas aquí reunidas.

Gracias por traerme vuestra energía esta noche/día.

Deberías dar las gracias a cualquier deidad patrona por su nombre si la has invocado de esta forma en la primera consagración. Después, podrás guardar las velas hasta que las necesites. Cuando las velas ya están bendecidas, la mayoría de la gente prefiere colocarlas en lugares donde sea poco probable que las toquen otras personas, especialmente si no son habitantes de la casa. Esto se puede lograr guardándolas lejos de la vista en algún armario o alacena, pero también podrías dejarlas expuestas en algún sitio siempre que sea poco probable que alguien las toque, como por ejemplo dentro de una vitrina para porcelana, sobre un estante alto o algo similar.

Adivinación de la Diosa en el Aire

A menudo, la adivinación es un arte que requiere que interpretemos símbolos. Por lo general, el futuro no se nos revela con claridad, pero recibimos señales que hay que reconocer e interpretar. Por ese motivo los que se dedican a hacer adivinaciones para los demás a menudo se pasan décadas aprendiendo la técnica. Pero a veces, sin embargo, hay métodos de adivinación que resultan esencialmente intuitivos para los humanos. Algunos están basados en nuestra habilidad innata. Este es un enfoque de adivinación completamente vinculado a las interpretaciones personales y a nuestra intuición más profunda.

Es mejor realizarlo durante el Imbolc, mientras esperamos la llegada de la estación más cálida, pero se puede hacer también en otra época. Se puede llevar a cabo tanto en interior como en exterior. Si decides optar por el exterior, puedes utilizar las nubes como herramienta de adivinación, así que necesitas que el tiempo sea favorable. Los cielos despejados no te revelarán gran cosa, ni tampoco un cielo que esté cubierto de nubes por completo. Cualquier lluvia o nevada significativa hará que sea esencialmente imposible ver ninguna nube que esté abierta a la interpretación. Una opción alternativa y más fiable es hacer la adivinación en el interior, utilizando humo de incienso en vez de nubes. La interpretación de nubes en el cielo o del humo en el interior es prácticamente lo mismo; elegir hacerla dentro o fuera depende solo de ti y de las condiciones climatológicas.

Sea cual sea la versión de adivinación que decidas hacer, vas a utilizar un papel y un lápiz o bolígrafo.

Si haces esta adivinación en el interior, necesitarás:
- Un incensario (para quemar incienso). Si utilizas incienso en barritas o en conos, tal vez necesites dos incensarios
- 2 barritas o conos de incienso, o carbón para quemar incienso e incienso suelto o bolitas de incienso
- Una velita de té blanca con portavelas
- Una tela negra (para el altar)
- Una herramienta de escritura y un papel o un cuaderno.

Esta adivinación requiere que seas capaz de ver señales en el humo, así que es fácil dejarse llevar y emplear más incienso del necesario. Es mejor hacerlo dentro de una habitación que tenga al menos una ventana. Sea cual sea el tiempo que haga, deberías abrir las ventanas de la habitación al menos un poco. En cualquier caso, este ejercicio solo debería realizarse en habitaciones con buena ventilación, y el humo tiene que tener acceso al aire del exterior de forma que sus energías puedan escapar de la habitación y salir al universo. Y, como tienes que poder ver el humo, vas a necesitar crear un poco más de lo que normalmente sería deseable para un hechizo. Si estás utilizando incienso en barrita o en cono, necesitarás dos trozos de incienso, separados al menos por unos diez centímetros de distancia, para poder crear el humo suficiente. Si tienes un incensario lo bastante grande como para que quepan los dos trozos suficientemente separados, puedes utilizarlo. De lo contrario, vas a tener que emplear dos incensarios diferentes a cierta distancia. También puedes usar una barrita y un cono si lo prefieres. Si usas carbón para incienso, asegúrate de encenderlo diez minutos antes de comenzar la adivinación. Las mezclas de incienso con muchas resinas son las que más humo van a generar con el carbón. Además, hay variedades de carbón para incienso que arden mucho, así que es mejor buscar uno de buena calidad que no tenga aromas. Si tienes que utilizar de los que arden mucho, las altas temperaturas harán que tengas que añadir más incienso al carbón con frecuencia. Tenlo en mente antes de comenzar, y asegúrate de que tienes suficiente incienso a mano para alimentar al carbón caliente.

Estés dentro o fuera, tendrás que sentarte o reclinarte de forma cómoda. Con eso en mente, si estás trabajando en el interior, extiende la tela negra sobre una mesa u otro lugar que sea fácil de alcanzar desde la comodidad de tu asiento. Hay personas a las que no les importa sentarse en el suelo para esta adivinación, pero, para la mayoría, lo mejor será que utilicemos una silla y una mesa. Además, asegúrate de que tu instrumento de escritura y el papel estén cerca. Coloca el incensario (o los incensarios) en el centro de la tela, y después sitúa el sujetavelas a unos ocho o diez centímetros por delante del incensario. Si utilizas dos incensarios, asegúrate de que se encuentren a diez centímetros de distancia. Puedes colocar la vela entre los dos incensarios si quieres. Comienza haciendo una invocación mientras enciendes la vela:

Diosa de la Llama, te invoco y te pido que me ayudes
para revelarme a la Diosa en el humo, y para iluminar
las señales que me envíe de forma que pueda verlas todas.

Si estás utilizando incienso en barritas o en conos, enciéndelo con la vela y colócalo en el incensario (o los incensarios). Recuerda que los dos trozos de incienso deberían estar a unos diez centímetros de distancia. Si estás empleando incienso sobre carbón, añade varios pellizcos de incienso directamente sobre el carbón. Realiza esta invocación:

Ofrezco este incienso a la Diosa en el humo,
para que me revele las cosas
que necesito saber sobre lo que va a ocurrir.

Si estás utilizando las nubes para tu adivinación, sería más apropiado decir algo un poco diferente. Si estás realizando la adivinación durante el día, este ensalmo sería adecuado:

Gran Dios del cielo, mientras tu luz se refleja
desde las nubes que veo, te pido que me reveles las cosas
que necesito saber sobre lo que va a ocurrir.

En condiciones ideales, esta adivinación se puede realizar también por la noche; haría falta que la luna estuviera llena o casi llena, y los cielos parcialmente nublados. La luna puede brillar intensamente sobre las nubes e iluminarlas de formas que no lo harían a la luz del día. En ese caso, cambia la invocación:

Gran Diosa, acudo ante ti con tu apariencia de luna,
hija de la tierra y hermana de la humanidad.

Mientras tu luz se refleja desde las nubes que veo,
te pido que me reveles
las cosas que necesito saber sobre el futuro.

Si estás en el interior, espera unos momentos mientras el humo comienza a desarrollarse. A partir de este momento, las versiones interior y exterior de la adivinación funcionan esencialmente de la misma forma. Si hay preguntas específicas para las que te gustaría obtener respuesta, tendrás que hacerlas en voz alta. Por lo general, es menos confuso hacer una pregunta y después observar el humo o las nubes en busca de una señal que sirva de respuesta antes de hacer la siguiente pregunta. Dicho esto, también es posible hacer una serie de preguntas diferentes y después buscar las señales que aparezcan como respuestas para todas. Puede que esto suponga un uso más prudente de tu tiempo, pero también puede hacer que las cosas estén un poco menos claras, sobre todo si algunas de tus preguntas no tienen nada que ver entre ellas.

Aunque no tengas ninguna pregunta específica, sigue siendo probable que esta adivinación te revele algunas cosas. Aquí es cuando nuestra capacidad innata para interpretar formas y siluetas, especialmente esas que son efímeras (formas fugaces que aparecen y se disuelven con rapidez), nos permite comprender los símbolos de la adivinación. Y lo mejor de todo es que es muy sencillo. Casi todos hemos observado las nubes flotando sobre nuestras cabezas y hemos visto multitud de formas diferentes que podemos interpretar con facilidad como animales, plantas o incluso personas. En el humo o en las nubes puede aparecer prácticamente cualquier cosa. Las nubes tienden a mantener su forma mucho más tiempo que los símbolos del humo del incienso, así que tendrás que observar con especial atención si realizas esta adivinación en el interior. También es importante el lugar donde sitúes la vela. Lo mejor es que la luz de la vela ilumine el humo desde abajo, ya que esto tiende a darle un mayor contraste.

Mientras observas el humo o las nubes, toma nota de cualquier forma que puedas identificar. Si estás haciendo pausas entre las preguntas, apunta primero la pregunta y después cualquier símbolo que puedas ver. Si has hecho una serie de preguntas al mismo tiempo, o si no has hecho ninguna pregunta en absoluto, entonces simplemente tendrás que tomar nota de todo lo que veas. Cada vez que compruebes cómo una forma se transforma en otra figura reconocible, toma nota. Estas transformaciones pueden proporcionarte las perspectivas más valiosas.

Si estás utilizando incienso en barritas o en conos, tu adivinación se terminará cuando el primer fragmento de incienso se extinga. Lo mejor es no cambiar la fuente de humo durante la adivinación, así que no intentes encender otra barrita o cono. Una vez la adivinación esté completa, siempre puedes volver a repetir todo el proceso si crees que no has recibido suficiente información, o si necesitas más clarificación sobre algo. Deja que el incienso o el carbón se extingan antes de apagar la vela.

En cuanto la propia sesión de adivinación haya terminado, deberías revisar las notas que has tomado de todo lo que has visto. Si tus notas incluyen la pregunta que has hecho junto a los símbolos que has visto antes de hacer la siguiente pregunta, es un poco más fácil identificar qué símbolos están relacionados con cada pregunta. Con independencia del enfoque que prefieras, la interpretación es una parte muy personal de esta adivinación. Incluso aunque estés haciendo preguntas para otra persona, tu interpretación es la parte más crítica. Mira las notas y piensa sobre las formas que has visto. ¿Cómo se relacionan contigo? ¿Son profundamente simbólicas, como suelen ser los sueños, o se te antojan como algo literal?

Por ejemplo, si has preguntado si habrá algún cambio grande en tu vida en los próximos meses y has visto la forma de un caballo en el humo o en las nubes, podría significar muchas cosas. Por lo general, los caballos simbolizan un espíritu libre y la libertad. También representan la movilidad o el viaje. Es posible que el símbolo que has visto signifique que vas a viajar o incluso mudarte de casa. Pero, si has crecido con caballos, ver uno podría representar esa parte de tu infancia o algún otro pasatiempo. También es posible que el caballo no sea tan simbólico, ¡podría significar que vas a comprar un caballo literalmente! ¿Cómo puedes saber cuáles de estas interpretaciones tan diferentes se aplican a ti? Lo cierto es que todo es cuestión de tus percepciones y tu intuición. Busca las respuestas dentro de ti. Otra persona podría sentarse contigo durante la adivinación y escuchar las mismas preguntas, y después sacar interpretaciones completamente diferentes. Y ten en cuenta que, incluso aunque dos personas estén sentadas muy juntas, las dos verán el humo o las nubes desde ángulos diferentes; la perspectiva de cada uno es distinta. Escucha siempre a tus propios instintos cuando se trate de interpretar las cosas que se revelan ante ti a través del humo o de las nubes. Guarda tus notas y revísalas durante el Imbolc del año que viene para ver lo precisa que ha sido en realidad tu adivinación.

RECETAS
Y
ARTESANÍA

from sleep, cleansing, sprouting seeds, fertility, transitions,
... rebirth, transformation, youth, well-being, emergence, ...
... mical midpoint between the winter solstice and the vernal eq...
... 15 degrees of aquarius in northern hemisphere, sun at 15 ...
... northern hemisphere, female, the goddess transforming from ...
... the goddess in the form of young mother tending to her grow...
... in the form of a child exploring the world, the innocence ...
... Brigid, Aphrodite, Diana, Freyafreed, Artio, Athen...
... Inanna, Juno, Selene, Vesta, Sól, Februus, Braga, ...
... Cocht, Dumuzi, Eros, light green: abundance, growth, fer...
... calming, new beginnings and prosperity, pink: harmony, to...
... on, love, spiritual healing, virtue, spring, honor, contentment,
... peace, protection, healing, truth, divination, purification, ...
... vitality, creativity, communication, the sun, planning, psy...
... angelica: balance, new beginnings, consecration, insight, pu...
... success, basil: clarity, divination, love, money, protection,
... blackberry: growth, attachments, fertility, intuition, prosperity
... cinnamon: balance, blessings, courage, protection, purification,

Como ocurre con cualquier celebración, los sabbats suelen incluir comidas, amistad y oportunidades para elaborar objetos apropiados para la temporada. El Imbolc no es ninguna excepción. La artesanía permite que todo el mundo contribuya y participe en las festividades. Cuando los participantes de la celebración elaboran recetas u otros objetos, impregnan su entorno con su energía. Y también se crea una conexión entre las festividades y los artífices de estas elaboraciones.

Recetas del Imbolc

Las tres próximas recetas pueden utilizarse en conjunto para crear una maravillosa mesa de aperitivos con temática del Imbolc. Algunos aquelarres u otros grupos disfrutan de pasteles y cerveza tipo ale en estas fechas, aunque se pueden sustituir por muchos tipos diferentes de comida y bebida. Por ejemplo, copiosas cantidades de leche podrían sustituir a los pasteles y a la cerveza. Cada receta se puede elaborar de forma independiente, pero juntas combinan a la perfección. Puedes terminar de preparar todo lo que necesitas para este banquete en menos de veinticuatro horas. Una persona puede encargarse de todo con facilidad, pero hay unos cuantos pasos que pueden hacerse en grupo. Para conseguir los resultados más sabrosos, busca productos lácteos que sean orgánicos y, a poder ser, de producción local. Cuanto más frescos y naturales sean los ingredientes, más sabrosos serán los resultados.

«Queso» de yogur

El Imbolc es un sabbat muy relacionado con la leche y los productos derivados de la leche. Incluso los quesos más simples son muy valorados cuando está disponible la primera leche del año. Puede que pienses que la elaboración de queso es un proceso que implica cultivos extraños y técnicas esotéricas de envejecimiento. Pero no te confundas: los maestros queseros hacen una magia maravillosa para producir en el siglo xxi la impresionante variedad de quesos que tenemos a nuestra disposición. En lugar de adentrarte en el planto místico de la elaboración de quesos, puedes fabricar un queso muy simple con solo unos pocos ingredientes que puede que ya tengas a mano. Esta técnica se puede realizar de un día para otro y exige muy poco trabajo. El resultado es un yogur aquesado similar al queso crema, que se puede saborizar fácilmente con una gran variedad de ingredientes dulces y salados.

Ingredientes:
- Un litro de yogur sin sabor (se recomienda el yogur de leche entera)
- Tela para queso
- Un colador o un escurridor
- Un platillo pequeño
- Un cuenco lo bastante grande como para que el colador o el escurridor quepan sin problemas.

Comienza colocando del revés el platillo (el tapón de un tarro puede servir como sustituto) en el fondo del cuenco grande. Coloca el colador encima del platillo invertido. El platillo levantará el colador por encima del fondo del cuenco lo suficiente como para poder escurrirlo por completo. Cubre el colador con tres o cuatro capas de tela para queso. Con una cuchara, llena el colador de yogur y mete el cuenco dentro del frigorífico durante toda la noche.

A la mañana siguiente, te encontrarás con que el suero de leche líquido se ha separado del yogur y se ha quedado en el fondo del cuenco, dejando atrás un «queso» firme. Coloca el cuenco sobre la encimera y, con cuidado, junta la tela para queso en la parte de arriba, para encerrar la bola de queso. Retuerce la parte superior de la tela para asegurarte de que no pueda derramarse nada y aprieta con cuidado la tela para queso de arriba abajo a fin de extraer cualquier líquido restante. Ten en cuenta que sacarás más o menos la mitad del yogur como queso y la otra mitad como suero de leche. A continuación, puedes abrir la tela y transferir el queso a otro cuenco. La tela para queso se puede lavar y reutilizar muchas veces.

Este queso sin sabor se puede servir tal cual está, pero un pellizco o dos de sal mejorarán enormemente su sabor. Y es todavía más divertido hacer un queso con sabor de Imbolc. Para obtener un queso salado, prueba a añadir dos cucharadas soperas de albahaca genovesa seca y una cucharadita de sal al queso inmediatamente después de escurrirlo. Si quieres una opción más afrutada, puedes triturar medio vaso (o más) de moras y utilizarlos en lugar de la albahaca. Y, para obtener una variante todavía más dulce, utiliza medio vaso de conserva de mora o de miel de cosecha local.

Mezcla los ingredientes de forma concienzuda con un tenedor. Cubre el cuenco y vuelve a meterlo en el frigorífico hasta poco antes de servirlo. Para que la presentación sea más bonita, cuando el queso vuelva a enfriarse puedes volver a darle forma de bola y después cortarla por la mitad. Coloca cada mitad con el lado plano boca abajo en el centro de una fuente.

Mantequilla

Elaborar mantequilla es fácil, y todos los amantes de la mantequilla deberían probar a hacerla al menos una vez. Puedes fabricar mantequilla utilizando una licuadora, una trituradora, una batidora eléctrica o prácticamente cualquier otra herramienta que te ayude a batir un líquido. ¡Hasta puedes elaborar mantequilla utilizando un tarro bien cerrado!

Ingredientes:
- Una batidora o cualquier otra de las herramientas que hemos mencionado arriba
- Medio litro o más de nata para montar
- Un tenedor
- Agua bien fría
- Una cucharadita de sal (opcional).

Comienza metiendo la nata en la licuadora y batiéndola a velocidad alta. Después de batirla durante varios minutos, verás que la nata comienza a separarse en mantequilla sólida y suero de mantequilla líquido. Cuando puedas ver claramente los trocitos de mantequilla girando en la licuadora, ya puedes apagarla. Ten en cuenta que a menudo aparece un grueso anillo de mantequilla alrededor de las cuchillas en la parte interior de la licuadora. Escurre todo el contenido a través de un colador fino o una tela para quesos. Después de escurrirla, coloca la mantequilla en un cuenco y apriétala con una cuchara o una espátula hasta que hayas extraído todo el líquido. Guarda el suero de mantequilla para utilizarlo en la siguiente receta, el pan de soda.

Junta toda la mantequilla sólida y dale forma de bola o cualquier otra forma que te resulte conveniente. Si tienes intención de emplear la mantequilla en menos de un día, puedes darle la forma y después guardarla en el frigorífico para que se enfríe. Si quieres mantequilla que dure mucho más tiempo, tendrás que «lavarla». Añade al menos medio vaso (o hasta uno entero) de agua bien fría al cuenco de la mantequilla y mézclalo todo bien. Después, vacía el agua y vuelve a presionar la mantequilla para extraer todo el líquido. También puedes añadir una cucharadita de sal y mezclarla con un tenedor si así lo deseas. Puedes darle muchas formas diferentes a la mantequilla, pero una opción muy sencilla es moldearla con apariencia de tronco y envolverla con papel para hornear. Si haces rodar el tronco envuelto una y otra vez sobre una superficie lisa, podrás suavizar muchas de las partes más irregulares. Guarda la mantequilla envuelta en el papel para hornear y te durará un mes en el frigorífico (o hasta un año en el congelador, si guardas la mantequilla envuelta en una bolsa de plástico bien cerrada).

Puedes añadir hierbas u otros saborizantes a la mantequilla, al igual que has hecho con el queso de yogur. Puedes añadir distintos sabores a la mantequilla, una vez fría, y mezclarlos de forma concienzuda con un tenedor. También puedes calentar ligeramente la mantequilla y añadir los saborizantes a la mantequilla fundida para dispersarlos mejor.

Pan de soda

Este pan irlandés sencillo y tradicional no necesita levadura, y es una forma sabrosa de disfrutar del queso de yogur y la mantequilla de las dos recetas anteriores. También es una forma estupenda de aprovechar el suero de mantequilla que quedó al batirla (aunque también puedes usar suero comprado en el supermercado).

Ingredientes:
- 3 tazas de harina multipropósito
- 1 cucharadita de bicarbonato de sodio (utiliza un envase que hayas abierto recientemente; si tiene un tiempo no funcionará igual de bien)
- 1 cucharadita de azúcar (opcional)
- 2 cucharaditas de sal (opcional)
- 1 taza de suero de mantequilla.

Mezcla bien los ingredientes en polvo y añade el suero de mantequilla. Mézclalo todo con la cuchara durante uno o dos minutos, y después amásalo con las manos otros treinta segundos. Si la mezcla está demasiado seca, hidrátala con un poco más de suero de mantequilla, pero no amases la mezcla más de lo que sea estrictamente necesario. Esta masa tiene que quedar un poco grumosa y suave, así que no trates de alisarla.

Haz con la masa una forma redonda de unos veinte centímetros de ancho. Colócala sobre una bandeja de horno cubierta de papel para hornear o, de forma más tradicional, espolvoreada con harina. Presiona la parte superior para aplanarla y después haz unos cortes con un cuchillo afilado. Lo tradicional sería hacer dos cortes de la misma longitud en forma de cruz a lo ancho de la masa, y que bajen un par de centímetros por los laterales de la masa. Tendrá un aspecto más festivo si haces tres cortes para crear un patrón más parecido a una estrella o un asterisco.

Cuece la masa a 200 °C entre 40 y 45 minutos. La parte superior debería ser marrón, y la hogaza debería producir un sonido hueco al golpearla. Saca el pan del horno y deja que se enfríe durante quince minutos, cubierto por un paño. Después, se puede servir caliente o dejar que se enfríe por completo antes de cortarlo. Este pan tradicional está lleno de huecos y burbujas que la mantequilla y el queso pueden rellenar, lo que lo convierte en el plato principal perfecto para tu banquete de Imbolc.

Bebidas

Puedes completar el banquete con tazas de leche o chocolate caliente. Otra opción, si a tus invitados y a ti no os parece una alternativa demasiado fría, es hacer batidos mezclando helado y leche fresca. Si eres una persona un poco más atrevida y te gusta el sabor del yogur, puedes hacer un batido de suero de leche utilizando el suero del queso de yogur en lugar de la leche. Añade un poco de vainilla, miel o moras para terminar tu banquete de forma dulce.

Galletas de la suerte

El Año Nuevo chino suele caer durante la temporada del Imbolc, pero incluso en los años en los que eso no sucede, este es un proyecto muy divertido para cualquier celebración del Imbolc. Para ser justos, las galletas de la suerte son una creación norteamericana, y desde luego no es tradición de ninguna parte de Asia. Aunque tal vez haga falta mucha imaginación para conectar estas delicias de adivinación tan sabrosas con las celebraciones tradicionales de Año Nuevo, siguen encajando a la perfección con cualquier festividad de este tipo, como en el caso de Imbolc.

Puedes hacer galletas de la suerte para tu familia y tus amigos, o para las personas de tu agrupación o aquelarre. Las galletas de la suerte se pueden utilizar en rituales de adivinación, y hasta se pueden emplear para reemplazar los pasteles de luna que se utilizan de forma tradicional en muchos círculos. Así, puedes crear cualquier mensaje que desees, hasta puedes hacer galletas para personas específicas (por ejemplo, padres primerizos, nuevos iniciados, un cumpleaños, etc.). Al final de esta sección tienes algunas ideas divertidas de cómo implicar a otras personas en la elaboración de las galletas, pero primero vamos a echar un vistazo a la receta y el sencillo método para hacerlas.

Ingredientes:
- 4 claras de huevo
- 3 cuartos de taza de azúcar
- 1 cuarto de cucharadita de sal
- 9 cucharadas soperas de mantequilla a temperatura ambiente
- 10 cucharadas soperas de harina multipropósito
- Media taza de almendras trituradas
- 1 cuarto de cucharadita de extracto de vainilla
- Predicciones o mensajes en tiras pequeñas de papel vegetal
- Papel encerado (para proteger los mensajes).

Precalienta el horno a 180 ºC. Mezcla las claras de huevo con el azúcar. En cuanto la mezcla esté bien combinada, añade los demás ingredientes uno por uno. Mezcla bien después de incluir cada uno de los ingredientes. Utiliza una batidora de varillas para integrar minuciosamente la mantequilla en la mezcla. Para obtener mejores resultados, utiliza una bandeja de horno cubierta de papel para hornear. Escribe las predicciones o los mensajes en tiras de papel vegetal y dóblalas varias veces. Estas galletas son un poco grasientas, así que, si no envuelves bien los papelitos con papel encerado, los mensajes podrían quedar ilegibles.

Cuando todos los ingredientes estén completamente mezclados, mide una cucharadita de masa para cada galleta y colócalas sobre la bandeja de horno que has preparado con unos ocho o diez centímetros de separación.

Hornea las galletas durante seis minutos y sácalas del horno. Todavía no deberían estar marrones en los bordes, sino de un color claro uniforme. Mientras se hornean, deberían aplanarse en una forma más o menos circular. Si alguna de las galletas sale irregular, puedes utilizar un molde para hacer círculos perfectos. Tan solo ten en cuenta que en este momento las galletas están pegajosas y no son muy firmes, así que tendrás que manejarlas con cuidado.

En cuanto saques las galletas del horno, coloca cada uno de los mensajes que has preparado en el centro de cada una de ellas. Es mejor no colocarlos del todo en el centro para que no se queden demasiado cerca del borde cuando cierres la galleta. Dobla con rapidez cada galleta para formar un semicírculo que se parezca un poco a una empanadilla. Utiliza el borde de un cuchillo de mantequilla para arrugar los bordes de cada galleta y sellar el mensaje en su interior. El papel de horno hace que este proceso sea más fácil, ya que puedes levantar el papel por debajo y colocar la mano o una espátula bajo la galleta al doblarla. Si el centro se rompe durante el proceso, puedes arrugar ese borde también.

Galletas de la suerte

Hornea las galletas dobladas durante entre 6 y 8 minutos más. Si quieres un color consistente, puedes dar la vuelta a las galletas cuando lleven 5 minutos. Las galletas terminadas serán varios tonos más oscuras que cuando las sacaste para añadir los mensajes. Saca las galletas de las bandejas y deja que se enfríen. Son unas galletas muy sabrosas, ¡así que recuerda a los demás que tengan cuidado de no comerse sus mensajes! Mientras horneas cada bandeja de galletas, deberías mantener la masa todavía sin utilizar en el frigorífico hasta que vayas a hornearla.

Hacer galletas de la suerte puede ser una gran elección para una cena de Imbolc en la que cada persona traiga un plato para compartir. También son una idea estupenda como juego en el que participen todos los invitados a la fiesta en el que distintas personas realicen las distintas partes del proceso. Hacer las galletas en grupo significa que podéis hornear, doblar las galletas y emplearlas directamente en un ritual. Una variación divertida es que cada persona traiga varios mensajes listos para meterlos en las galletas. De ese modo, los mensajes serán sorpresa para todo el mundo. Hasta podéis hacerlo si solo una o dos personas hacen todas las galletas. Solo tenéis que recoger los mensajes que hayáis escrito todos y dárselos a los cocineros antes de que empiecen. Recuerda a todos los demás que envuelvan con cuidado sus mensajes en papel encerado para asegurarse de que el texto siga siendo visible cuando estén terminadas las galletas.

Las galletas de la suerte de Imbolc también son regalitos estupendos. Puedes hacer unas cuantas docenas para tus amistades o compañeros de trabajo. Si quieres incluir un componente educativo, puedes escribir un mensaje en un lado del papel y después un término neopagano y su definición en el lado opuesto. Es una forma estupenda de compartir diversión y galletas sabrosas con amigos que no sean wiccanos ni paganos, e incorporar algo de valioso conocimiento junto con al entretenimiento. También puede ser una forma poco intimidante de introducir nuevas ideas en aquellos que tal vez no tengan muchos conocimientos sobre el neopaganismo.

Puedes utilizar esta receta para muchos objetivos mágicos o rituales, y también puede ser una forma divertida en grupos en los que haya nuevos miembros. Por ejemplo, si estás dando una clase sobre el tarot, puedes meter la imagen de una carta del tarot diferente en cada galleta de la suerte. Pasa las galletas a los alumnos y haz que las abran una por una para revelar la carta que hay en su interior. Después, puedes hablar sobre la carta y sus distintas interpretaciones antes de hacer que la siguiente persona abra su galleta y comience la charla sobre su carta.

Si quieres, puedes hacer que los mensajes sean muy específicos. Hasta puedes crear galletas personalizadas para cada persona que asista a tu reunión, ritual o fiesta. Si decides hacer galletas para personas específicas, tendrás que asegurarte de que puedes identificar qué galleta debe abrir cada persona. La forma más fácil de hacerlo es que el mensaje tenga el nombre de la persona correspondiente (o un número o símbolo que la represente) impreso en el extremo del papelito. Cuando coloques el mensaje dentro de la galleta, deja el nombre o el símbolo en el exterior de forma que puedas saber con rapidez quién debería recibirla.

Para la mayoría de galletas de la suerte que hagas para el Imbolc, querrás mensajes que reflejen esa celebración. Recuerda que este es un sabbat que se centra en los nuevos comienzos, el nacimiento y la promesa de la primavera que se acerca. También consiste en dar las gracias por haber sobrevivido al frío invierno. Puedes imprimir los mensajes con una impresora y después cortar los papeles en trozos lo bastante pequeños como para que quepan dentro de las galletas. También puedes cortar trozos pequeños de papel y que la gente escriba los mensajes a mano. Pueden ser mensajes tan simples como por ejemplo un deseo de corazón para la persona que reciba la galleta.

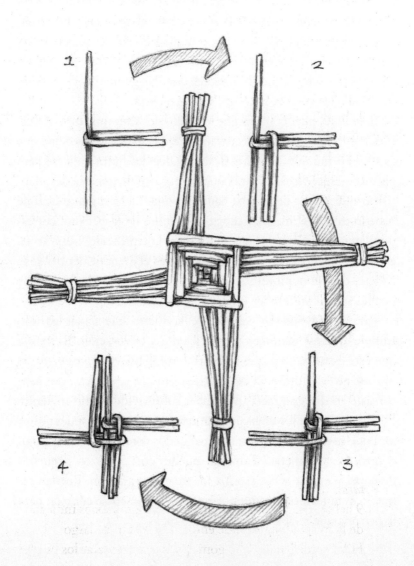

Cruz de Brigid

Cruz de Brigid

La Cruz de Brigid es un símbolo de protección que se prepara tradicionalmente justo antes del Imbolc. Las cruces ya terminadas se dejan fuera frente a la puerta de las casas la noche antes del Imbolc con la esperanza de que Brigid las bendiga. Durante el Imbolc, las cruces bendecidas se cuelgan para proteger el hogar. A menudo se colocan cerca de las puertas para impedir que entren las desgracias. Es buena idea dejar un bizcocho de grano o un poco de hierba para la vaca blanca que acompaña a Brigid, ¡hasta una galleta de avena puede servir perfectamente!

Aunque la Cruz de Brigid tradicionalmente se haría a partir de paja extraída de la última cosecha, o de juncos cosechados de la naturaleza, también se puede utilizar una gran variedad de materiales de fabricación modernos. Puedes hacer cruces estupendas a partir de materiales que se encuentran en cualquier tienda de manualidades, como limpiapipas, pajitas para beber o tiras de papel de colores. Algunas tiendas de manualidades también venden paja. Además, puedes encontrar materiales en tu propio jardín o el parque más cercano; la paja es solo hierba seca. Podrías encontrar vegetación seca apropiada en tu jardín o en los parterres urbanos en esta época del año. Esto ocurre especialmente si cultivas alguna hierba decorativa. Siempre que tenga tallos de al menos doce o trece centímetros de largo, puedes utilizar cualquier especie vegetal seca, como, por ejemplo, tallos de lavanda secos para hacer tu cruz.

Necesitarás:
- 9 hebras de paja (u otro material, tal como hemos indicado) de la misma longitud, de entre 12 y 40 cm de largo
- Hilo, cordel, alambre o gomas elásticas para atar los brazos de la cruz

– Un plato o bandeja lo bastante grande como para echar en agua la paja (si finalmente optamos por este material) para que se empape.

Si estás utilizando paja o cualquier otro material seco, comienza dejándolo en agua durante veinticuatro horas. Si estás utilizando limpiapipas o cualquier otro material de manualidades, puedes saltarte este paso. Si todavía hay nieve donde vives, puedes fundir un poco y usarla para el empapado. La nieve fundida representa el deshielo de la primavera que está a punto de llegar.

Después de tenerla veinticuatro horas en agua, el material debería haberse quedado flexible. Deberías poder doblar con facilidad la paja o los tallos por la mitad.

1. Corta toda la paja a la misma longitud.

2. Empieza con un trozo de paja sujetado en vertical con una mano.

3. En el centro del primer trozo, coloca otro en horizontal para formar una cruz.

4. Dobla el trozo horizontal por el medio hacia la derecha y déjalo doblado.

5. Rota los trozos un cuarto de vuelta en el sentido contrario a las agujas del reloj, de modo que el trozo de paja doblado se quede apuntando hacia arriba y el primer trozo en horizontal.

6. Coloca un tercer trozo de paja de forma horizontal sobre el primero, y dóblalo a la derecha de modo que envuelva el segundo trozo.

7. Rota los trozos otro cuarto de giro en el sentido contrario a las agujas del reloj.

8. Dobla un trozo de paja sobre el centro hacia la derecha (con esto conseguirás una forma de cruz con cuatro brazos de la misma longitud).

9. Continúa haciendo rotar la cruz en el sentido contrario a las agujas del reloj, añadiendo otro trozo de paja envuelto alrededor del brazo superior de la cruz hasta que hayas utilizado los nueve trozos de paja.

10. Ahora deberías tener una cruz con cuatro brazos de la misma longitud, pero si no miden todos lo mismo, deberías cortarlos para asegurarte de que todos los lados son iguales.

11. Ata el centro de cada brazo con hilo o cordel (también puedes utilizar alambre o gomas elásticas).

Tu cruz ya está lista para ser bendecida y colgada en tu hogar. Deja las cruces colgadas hasta que las sustituyas con otras nuevas el año que viene.

Incienso de Imbolc

La elaboración de incienso es tan compleja como tú lo decidas. Esta es una mezcla simple de incienso que puede calentarse sobre un carbón (o en un calentador de incienso o lámpara aromática). Funciona mejor si los ingredientes están pulverizados, pero también funciona si están cortados en trocitos muy pequeños. Para obtener los mejores resultados, deberías elaborar este incienso varias semanas antes del Imbolc, pero también se puede hacer durante la celebración si el envejecimiento no es posible.

Necesitarás
– Corteza de cedro en polvo; puedes utilizar trozos de corteza si no puedes conseguirla pulverizada, pero tiene que estar completamente seca. Puedes mirar en tiendas de mascotas o de alimentación si en tu tienda esotérica habitual no tienen.

- Albahaca seca en polvo es lo mejor, aunque no es obligatoria.
- Miel; que sea de producción local si es posible, y asegúrate de evitar productos etiquetados como «salsa de miel» o «con sabor a miel», ya que estarán hechos en su mayoría de jarabe de maíz
- Un cuenco de cerámica o papel
- Un palito de madera; puedes utilizar de los de remover el café
- Una bolsa de plástico con cierre de cremallera
- Un recipiente de cristal o plástico pequeño con tapa hermética
- Guantes desechables (opcional).

Comienza cortando o triturando, por separado, los trozos de corteza de cedro y las hojas de albahaca hasta que queden lo más finos posible. Puedes utilizar un molinillo de café o una batidora, o incluso un mortero. Mezcla cinco cucharadas de corteza de cedro triturada o en polvo con una cucharadita de hojas de albahaca secas en el cuenco.

Mezcla con el palito hasta que la albahaca esté distribuida de forma homogénea.

Añade unas cuantas gotas de miel a la mezcla. Utiliza solo la miel suficiente para pegarlo todo; no añadas más de lo estrictamente necesario.

Mézclalo todo con el palito hasta que la miel esté distribuida de forma uniforme. Completa el amalgamado con tus manos si hace falta, poniéndote los guantes desechables (de látex u otro material); si no usas protección, lávate las manos inmediatamente después de terminar la mezcla.

Cuando tengas el incienso en una sola bola o pegote, métela dentro de la bolsa de plástico. Cierra la bolsa y séllala dentro del recipiente de cristal o de plástico. Deja que el incienso envejezca hasta el Imbolc.

Cuando llegue el momento, deberás abrir el recipiente sellado y la bolsa de plástico. Extrae bolitas de incienso del tamaño de un guisante. Si la mezcla sigue estando pegajosa (la viscosidad tarda una o dos semanas en desaparecer), haz rodar las bolitas en corteza de cedro o albahaca en polvo para que sean más fáciles de manejar.

En cuanto a la utilización, cualquier momento durante tus preparaciones para el Imbolc o durante los rituales es estupendo. Recuerda que no arderá solo como un cono o una barrita de incienso. En lugar de eso, tendrás que calentar la bolita sobre carbón, a menos que tengas un calentador de incienso o una lámpara aromática. Si utilizas una lámpara aromática, vacía cualquier agua que pueda contener y seca el cuenco. Después, cubre la superficie del cuenco con un trozo pequeño de papel de aluminio. Enciende la vela como lo harías normalmente y coloca una de las bolitas de incienso sobre el aluminio. El calor de la vela calentará ligeramente el incienso, de modo que liberará su aroma con casi nada de humo. El incienso se puede almacenar sin problemas en un recipiente sellado durante décadas.

Elaboración de velas mojadas

Hay una gran variedad de formas de fabricar velas: puedes moldear con la mano velas de cera de abeja, hacer velas con la mecha flotante, o probar muchas otras, pero esta técnica es sencilla y tradicional. Puedes utilizar la mayoría de variedades de cera que encontrarás en tu tienda de manualidades habitual, incluso cera de parafina del supermercado. La cera de parafina tiende a humear más que otros tipos de cera para velas, pero funciona igualmente y se puede colorear con facilidad.

Para obtener los mejores resultados, recurre a la cera de soja, ya que se funde con facilidad en el microondas, de modo que es con la que resulta más sencillo trabajar. Solo tienes que meterla en un recipiente de cristal apto para el microondas de unos quince centímetros de altura. Si utilizas cera de parafina, la forma más segura es optar por el baño María. Recuerda que la cera es inflamable, y no debería acercarse demasiado a fuentes de ignición. Puedes comprar mechas específicas para elaborar velas (si no te queda más remedio, puedes utilizar hilo de algodón), así como tintes para velas en muchas tiendas de manualidades o artesanía. Para mayor seguridad, sobre todo si acabas de empezar con la elaboración de velas, compra las mechas más gruesas que haya. Las mechas con una base de alambre hacen que sea más fácil enderezar las velas cuando son delgadas.

Aunque el resultado final no es igual de puro, también puedes teñir las velas utilizando ceras de colores. El color es una parte importante de la magia de las velas, así que decide el propósito de tus cirios antes de decidirte por un color. Aromatizar la cera requiere más instrucciones de lo que permite el espacio de este libro, pero también puedes encontrar cera con aromas en las tiendas de manualidades para que sea más sencillo. Examinaremos una forma de aromatizar las velas después de hechas en la siguiente parte de este capítulo sobre aderezar las velas.

Por lo general lo más fácil y útil es hacer velas blancas, al menos para tu primera vez. Las velas elaboradas durante el Imbolc tienen una energía especial, y muchas personas se pasan gran parte de esta festividad haciendo velas de colores diferentes. Puedes utilizar esta técnica para hacer velas para cualquiera de los hechizos o rituales de esta colección de libros.

Para este proyecto de artesanía, necesitarás:
- Entre medio kilo y un kilo de cera (preferiblemente de soja)
- 3 metros y medio o más de mecha
- Cera de cualquier color o aroma que quieras (opcional)
- Una vara para colgar las velas mientras se enfrían (puedes utilizar la varilla de la cortina de la ducha, un tendedero o hasta un perchero robusto).

Con esta técnica para velas mojadas podemos hacer dos velas con cada mecha. Tendrás que mojar ambos extremos de la mecha en la cera al mismo tiempo, para crear una vela con cada extremo. Obtendrás dos velas de unos 12 cm por cada trozo de mecha.

Comienza cortando la mecha en trozos de unos treinta centímetros. La mayoría de las mechas se vuelven un poco más largas al mojarlas en cera, así que no te sorprendas si se estiran. Con las mechas cortadas, calienta la cera y coloréala o aromatízala si quieres. En este momento, habría que pedir las bendiciones de Brigid como Diosa de la Llama.

Te invoco, Brigid, Diosa de la Llama y del Pozo Sagrado,
para que bendigas las velas que voy a crear hoy.

Te pido que les infundas la fuerza, el poder y la protección
que han ayudado a tantos a lo largo de los milenios.

Ven a mí, Diosa, y bendice estas velas que me traerán
tu energía y tu poder cuando te invoque.

Gracias, gran Diosa.

Tal vez prefieras invocar a tus propias deidades, o incluso a un dios que se identifique con tu propósito. Por ejemplo, si quieres hacer velas para la prosperidad, sería apropiado invocar a Laksmi (diosa de la fortuna) para pedirle su energía y su bendición.

La elaboración de velas también es un proyecto en grupo divertido. Tal vez te sorprenda la cantidad de velas que se pueden fabricar en una sola tarde con la ayuda de unos cuantos amigos… y una gran cantidad de cera y mechas. Los cánticos y la conversación feliz harán que la energía positiva no deje de fluir durante todo el proceso.

Recuerda preparar la vara de enfriamiento para que puedas colgar las velas después de mojarlas en la cera. Comienza sosteniendo una de las mechas cortadas por el centro. Deja que los extremos cuelguen hacia abajo. Moja las mechas en la cera fundida. Puede que la mecha trate de flotar al principio, pero si metes y sacas la mecha de la cera unas cuantas veces, la cera penetrará dentro de la mecha y esta se hundirá por debajo de la superficie. Ten cuidado de no tocar la cera con los dedos. Saca la mecha de la cera. Es posible que las primeras veces que mojes una mecha se arrugue al salir de la cera. Tira con cuidado de los extremos de la mecha para enderezar ambos extremos, si esto sucede. Después de mojar y enderezar la mecha, cuélgala sobre la vara de secado. Debería quedar una vela colgando por cada lado. Según las velas se vayan haciendo más grandes, tendrás que tener cuidado de que las velas calientes no se toquen entre sí, porque podrían quedarse pegadas.

Continúa con este proceso hasta que hayas utilizado todas las mechas cortadas. Para cuando hayas terminado de mojar la última mecha, es posible que las primeras velas ya se hayan enfriado lo suficiente como para volver a mojarlas. Coge la mecha y vuelve a meterla en la cera fundida. Cada vez que mojes las velas, la cera fundida añadirá otra capa externa. Es posible que las primeras veces que mojes las mechas no parezca que estén creciendo, pero continúa con el proceso y verás que empiezan a ensancharse frente a tus ojos. Para tener velas de unos doce centímetros de longitud, tendrías que mojarlas hasta que tengan entre un centímetro y medio y dos de diámetro.

Puede que tengas que recalentar la cera de soja de forma periódica. Tan solo tienes que colocar el recipiente en el microondas durante un minuto y asegurarte de que quitas antes cualquier trozo de mecha que pueda haber. Las velas de cera de parafina se pueden mojar directamente en el recipiente al baño María, así la cera siempre estará caliente.

Cuando las velas se hayan enfriado, puedes cortar las mechas al tamaño que quieras, o dejar las velas por parejas hasta que las necesites. También puedes tallar, decorar y aderezar las velas como desees. Descubrirás que las velas que fabriques durante el Imbolc serán increíbles fuentes de energía a lo largo del año.

Aderezar las velas

La forma más sencilla de dar un cambio radical a una vela es «aderezarla», una técnica que le añade tanto el aroma como la energía de la planta. Para aderezarlas se utilizan aceites esenciales, a menudo sin diluir. Dado que muchos aceites sin diluir pueden ser muy nocivos para la piel, muchas personas se ponen guantes desechables siempre que tienen que manejarlos en su forma concentrada. Los aceites esenciales diluidos en un aceite neutro (como el de almendra o de oliva) suelen ser seguros para la piel desnuda, pero aun así deberías mantener el contacto mínimo.

Para aderezar una vela, los laterales (y a veces la parte superior) se cubren ligeramente de aceite esencial. Mientras la vela se calienta por la llama, también se calientan los aceites de la vela. Normalmente los aceites se disipan mucho antes de que la llama los alcance, así que se pueden aderezar las velas más de una vez. La forma más sencilla de aderezar una vela sin tocar el aceite es utilizar un poco de algodón, servilletas de papel o un paño suave. Impregna el lateral de la vela o el paño o el papel con una pequeña cantidad de aceite y extiende el aceite de forma uniforme por toda la superficie. Cualquier paño o papel que utilices para extender el aceite conservará su aroma durante mucho tiempo. Puedes utilizarlo como ambientador para una habitación hasta que los últimos rastros de olor hayan desaparecido. Tal vez quieras mezclar varios aceites esenciales diferentes para aderezar tu vela. Prueba a mezclarlos con varios días de antelación y guarda la pócima en un recipiente sellado. Agita o remueve el contenido una o dos veces al día para asegurarte de que los aceites se mezclan por completo.

También puedes encontrar pinturas especiales en muchas tiendas de manualidades o artesanía que te permitirán pintar tus velas para decorarlas. Además, puedes utilizar un cuchillo afilado para tallar símbolos o palabras en la vela. Puedes conseguir casi el mismo resultado con una aguja caliente si la sujetas con cuidado con unas tenazas. Hay muchas formas creativas de hacer que una vela comprada sea única para ti y tus objetivos.

Muñecas de paja

¡Hay casi tantas formas de hacer muñecas de grano como de preparar chili! Las muñecas de paja se asocian a menudo con los festivales de la cosecha, pero también se hacen tradicionalmente durante el Imbolc. En el Imbolc se pueden hacer con paja de la última cosecha del año anterior, o con juncos y hierbas recogidas justo antes del Imbolc. Aunque tal vez no tengas un pantano detrás de tu casa donde puedas recoger juncos, casi todos podemos encontrar materiales vegetales apropiados en el exterior (suponiendo que no estén enterrados bajo la nieve). Muchas de las hierbas que se cultivan con propósitos decorativos son maravillosas para hacer esta clase de muñecas de paja. Busca hierba (que normalmente estará marrón y seca en la época del Imbolc) que tenga semillas en la parte de arriba; debería ser tan resistente como las cerdas de una escoba nueva cuando las juntes. Si puedes cortar unas cuantas y mirar los extremos, comprueba que tengan un agujero o que parezcan huecas en el extremo. Estos tallos podrían ser la solución perfecta. También puedes buscar tallos sin semillas en la parte de arriba. Mientras que sean igual de resistentes, puedes utilizarlos junto a los demás.

Si necesitas una solución más urbana, puedes visitar tu tienda de manualidades habitual. Esas tiendas a menudo venden plantas y flores secas para propósitos decorativos. Busca las mismas características que buscarías en la naturaleza, y recuerda que cualquier cosa que compres en una tienda de manualidades tiene que limpiarse y secarse antes del uso. Puedes utilizar paja y otros materiales secos, pero deberías tratar de encontrar al menos un tallo seco con una semilla grande en la parte de arriba para cada muñeca de paja que quieras hacer. Reúne una docena de tallos o más para cada muñeca. La paja normalmente está comprimida, así que suele ser plana más que redondeada. Puedes trabajar con esta paja, pero aun así necesitarás al menos un tallo con una semilla en la parte de arriba, aunque sea diferente al resto de la paja que utilices.

Reúne entre diez y quince tallos diferentes, y córtalos a la misma longitud. La mayoría se doblarán por la mitad para formar el cuerpo y las piernas de la muñeca. Los tallos restantes formarán los brazos. Utilizando un recipiente poco hondo (como una bandeja de horno) lo bastante grande como para contener los tallos, cúbrelos de agua cálida durante toda la noche, salvo por los tallos con las semillas en la parte de arriba, que se utilizarán para la cabeza y no tienen que ser tan flexibles. Después de estar en remojo, los tallos deberían ser lo bastante flexibles como para poder doblarlos y retorcerlos fácilmente sin que se rompan. Si no es así, déjalos más tiempo en remojo, hasta que se puedan doblar con facilidad. La paja aplanada de una bala de paja podría estar ya lo bastante flexible para poder utilizarla sin humedecerla.

Dejando fuera tres o cuatro unidades, reúne un puñado de tallos en un fardo y sujétalo por el medio con una mano. Dobla el fardo por la mitad para formar el cuerpo de la muñeca de paja. Sujeta la mitad inferior del fardo doblado para mantener los tallos en su sitio. Con la otra mano, inserta el tallo con la semilla en la parte de arriba a través del centro del fardo de tallos doblados. La base de la semilla debería quedar ligeramente por encima de la parte superior del fardo. Los extremos de los tallos deberían quedar en la parte de abajo, y la semilla en la parte de arriba para representar la cabeza de la muñeca.

Mientras sujetas con una mano el fardo doblado con la semilla, utiliza la otra mano para coger los tres o cuatro tallos blandos que has dejado aparte. Utilízalos para formar los brazos de la muñeca atándolos de forma horizontal alrededor de la parte superior del cuerpo, a más o menos un tercio desde la base de la semilla. Rodea el fardo con los tallos al menos una vez y deja los extremos sobresaliendo como brazos estirados. Si los tallos mantienen la forma, hasta puedes colocar los brazos en posiciones diferentes. Tal vez tengas que atar los brazos en un nudo para mantenerlos en su sitio si los tallos no son lo bastante rígidos. También puedes utilizar un poco de hilo o un cordel para atar el fardo y sujetar los brazos en su sitio. Esta es una muñeca de paja tradicional.

Para hacer un muñeco masculino, separa la parte inferior del fardo en dos trozos diferenciados para representar las piernas. Tal vez tengas que atarlas por la parte de abajo para mantenerlas separadas. Recuerda que, durante el Imbolc, las muñecas de paja se hacen para representar a Brigid y sus bendiciones de luz y calidez. Hacer muñecos de paja masculinos no es una actividad tradicional del Imbolc.

Con tanta abundancia de materiales de fabricación, puedes crear un altar impresionante para el Imbolc. El pan, el queso y otros comestibles serán un centro de mesa maravilloso para un altar cubierto de tela blanca o amarilla. Añadir un arreglo de flores frescas de la temporada, como narciso o azafrán, te ayudará a dotar al conjunto de energía vital. Incluir una selección de velas y al menos una muñeca de paja y una Cruz de Brigid dará como resultado un altar de Imbolc impresionante, lleno de ofrendas específicas para este maravilloso sabbat.

Muñecas de paja

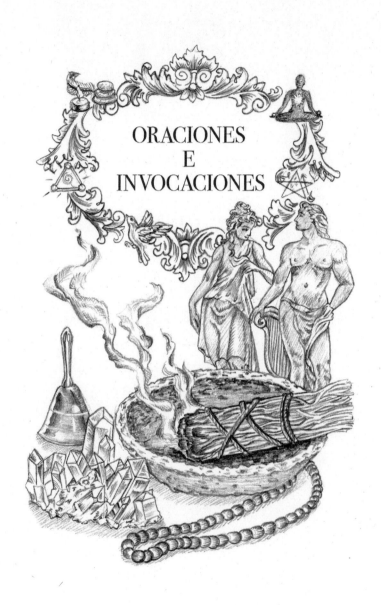

ORACIONES
E
INVOCACIONES

from sleep, cleansings sprouting roots, fertility, transitions,

ion, rebirth, transformation, youth, well-being, emergence, ass

nomic midpoint between the winter solstice and the vernal eq

15 degrees of aquarius in northern hemisphere, sun at 15

outhern hemisphere, female; the goddess transforming from

the goddess in the form of young mother tending to her gro

d in the form of a child exploring the world, the innocence

e, Brigid, Aphrodite, Diana, Arianrhod, Artio, Athen

Inanna, Juno, Selene, Vesta, Feb, Februus, Bragi, C

n Cocht, Dumuzi, Eros, light green: abundance, growth fe

calming, new beginnings and prosperity, pink: harmony, te

on, love, spiritual healing, virtue, spring, honor, contentment,

peace, protection, healing, truth, divination, purification, c

vitality, creativity, communication, the sun, planning, psy

angelica: balance, new beginnings, consecration, insight, pu

success; basil: clarity, divination, love, money, protection,

ckberry: growth, attachments, fertility, intuition, prosperity

namon: balance, blessings, courage, protection, purification,

No siempre necesitamos rituales o hechizos complejos para trabajar con deidades o energías naturales. A menudo, un enfoque
más simple te proporcionará esos contactos en solo un momento,
normalmente sin necesidad de cualquier otra herramienta que
no seas tú. Las siguientes invocaciones, oraciones, meditaciones
y magias sencillas pueden proporcionarte clarificación, dirección
y una conexión más profunda tanto con el mundo natural como
con el sobrenatural.

Bendición para nuevos proyectos

Dado que el Imbolc es el momento de planificar nuevos proyectos, también es una ocasión estupenda para pedir bendiciones
para estos próximos planes. La siguiente oración al dios hindú con
cabeza de elefante Ganesha puede ayudar a eliminar obstáculos que
bloqueen el éxito de tus ideas con la llegada de los días más cálidos.
Ganesha es conocido como el Señor de los Nuevos Comienzos, de
modo que esta es una oración perfecta para el Imbolc.

Se trata de un dios muy accesible y un aliado poderoso para
cualquier proyecto nuevo. Dicho esto, Ganesha podría ofenderse
si le pedimos ayuda *después* de habérsela pedido a otros antes que
a él, ya que quiere ser el primer dios de tu lista, así que recita
esta oración antes de invocar a otras deidades, y también (si lo

utilizas) antes de trazar un círculo mágico. Tan solo asegúrate de que Ganesha sea la deidad predilecta que invocas en tu magia, porque también se le conoce como el Señor de los Obstáculos (puede eliminarlos, ¡pero también puede ponerlos en tu camino!). Si quieres hacerle una ofrenda, a Ganesha le gustan mucho los bizcochos hechos de grano (un bizcocho de arroz o una magdalena de maíz pueden ser buenos sustitutos). Si eliges hacer una ofrenda de una vela, utiliza una que sea rosa o blanca.

> *Gran Señor Ganesha, te invoco en esta*
> *temporada del Imbolc para pedirte tus bendiciones*
> *y te doy las gracias por escuchar mi plegaria.*
> *Señor Ganesha, te pido tus bendiciones para*
> *[mi nuevo proyecto] durante el próximo año.*
> *Por favor, otórgame tu favor y elimina todos los obstáculos*
> *que se interpongan en el camino de mi/nuestro éxito.*
> *Te pido que me/nos muestres el camino hacia el éxito.*
> *Te doy las gracias por escuchar mi oración.*

Si has utilizado una vela o incienso a modo de ofrenda, es mejor dejar que arda hasta extinguirse por completo. Si estás haciendo otros rituales, oraciones o meditaciones, deja que la vela o el incienso continúen ardiendo como consagración continuada para todos los demás trabajos que hagas. La seguridad es algo muy importante, y nunca deberías dejar sin vigilancia nada que esté ardiendo. Si no puedes quedarte cerca hasta que la ofrenda se haya extinguido, deja que arda todo el tiempo que sea posible en condiciones seguras. Las ofrendas de comida se pueden dejar fuera para alimentar a algunos de los animales hambrientos de la Tierra que también están ahora empezando a emerger de las garras heladas del invierno.

Oraciones de sanación

Brigid es una diosa de la sanación y el Imbolc es una temporada para nuevos comienzos, de modo que este sabbat es una ocasión perfecta para invocar sus poderes para curar el cuerpo y la mente. Sea una sanación física o emocional lo que se necesita, sus energías se veneran desde hace largo tiempo. A menudo se utiliza una vela blanca para rezar a Brigid, pero también es apropiado usar una vela azul cuando se pide por la salud. Ten en cuenta que muchos paganos y wiccanos creen que, si estás rezando por otra persona, siempre tendrías que pedirle permiso de antemano. Rezar por el bienestar de los demás parece algo bueno, pero es mejor preguntar primero antes de enviar cualquier clase de energía a otra persona.

Oración para sanar el cuerpo

Las heridas físicas y las enfermedades son simplemente parte de la vida, pero el invierno suma sus propios agravios a los habituales problemas físicos. Los interminables días que se pasan en el interior mientras esperamos a que lleguen días más cálidos hacen que las enfermedades se propaguen con mayor facilidad. Para muchos de nosotros, el frío agrava las heridas viejas, y el hielo y la nieve que hay en muchos lugares también incrementa el número de lesiones. El Imbolc es un momento estupendo para energizar la sanación de estas dolencias físicas. Enciende una vela y pídele a Brigid que te ayude. Siempre puedes pedir salud en general, pero la energía estará más concentrada si tu petición de sanación es específica.

Diosa Brigid, Doncella, Madre y Anciana,
protectora de la vida, te pido que
me devuelvas la salud/que le devuelvas la salud a
[nombre de la otra persona]
durante esta temporada del Imbolc.

Por favor, envía tu poder sanador
para reparar el hueso y la carne,
para calmar la respiración y
restaurar la vida por completo.

Por encima de todo, por favor,
alivia el dolor y la incomodidad
hasta que la salud quede restaurada.

Gloriosa Brigid, diosa de la llama y del pozo,
bajo la luz del amor perfecto, trae una rápida
curación a aquellos que están sufriendo.

Oración para sanar la mente, el corazón o el alma

Los espacios cerrados de los días fríos también pueden causar problemas entre nosotros y nuestras personas más cercanas. A veces, los nuevos comienzos tienen lugar porque otra cosa ha llegado a su fin. Conseguir un nuevo trabajo es una clase de nuevo comienzo, pero a veces llega tras perder un trabajo anterior, y significa dejar atrás a compañeros de trabajo con los que has establecido vínculos cercanos. Comenzar una relación romántica con alguien también es un nuevo comienzo, pero a menudo ocurre después del fin de las anteriores. Al igual que las heridas físicas pueden dejarnos cicatrices y dolores crónicos, el daño emocional del pasado puede durar toda una vida si no lo tratamos. Enciende tu vela y pídele a Brigid que utilice su inmenso poder para ayudar a sanar la mente, así como el cuerpo.

Diosa Brigid, Guardiana de la Llama, Vigilante del Pozo,
vengo ante ti para pedirte la sanación de un alma herida.

Por favor, mira en los lugares más profundos dentro de
[nombre de la persona]
y busca las heridas que yacen bajo la superficie.

Te pido que calmes el dolor dentro de mi/esa alma.

Al igual que brilla esta vela, te pido que
hagas brillar tu luz
sobre el camino hacia la sanación.

Haz brillar una luz tan brillante y clara
que el camino hacia la sanación sea inconfundible.

Por favor, envíanos cualquier ayuda que necesitemos
para hacer que esta alma vuelva a estar entera otra vez.

Abrirnos a nuevas posibilidades

Una gran parte del Imbolc consiste en centrarnos en la nueva vida y los nuevos comienzos. Comprendemos que la rueda del año gira y el ciclo comienza de nuevo, así que el Imbolc siempre tiene estos temas presentes. Sin embargo, eso no significa que todos los años vayas a iniciar nuevos proyectos o vayas a comenzar nuevas relaciones. A veces, estamos tan cómodos con nuestras vidas que dejamos de plantearnos siquiera la posibilidad de cambiar. La siguiente meditación es una forma de abrirte a nuevos horizontes que tal vez, por lo general, ni siquiera te plantearías, por así decirlo.

El objetivo de la meditación es tranquilizar la mente. Aunque la clase de meditación contemplativa de este ejercicio no la calmará por completo, puede crear un espacio de serenidad en el que se revelen solas las nuevas oportunidades. Por desgracia, nuestra voz interior a veces es demasiado silenciosa como para oír sus susurros por encima de las voces que hay fuera de nosotros. La meditación puede ayudar a escuchar esos débiles murmullos.

Si es posible, elige un lugar para meditar con vistas a un espacio natural, como un campo abierto, un grupo de árboles o incluso una zona de jardín cubierta por la nieve. No tienes por qué estar físicamente en el exterior (puedes estar mirando por la ventana o incluso utilizar una foto de una escena apropiada), pero si puedes sentarte de forma cómoda durante un rato en el exterior, eso sumará valor a la experiencia. La incomodidad física puede distraerte de tu habilidad de tranquilizar la mente, así que siéntate en algún lugar que te resulte confortable. Aunque no demasiado, porque podrías dormirte por accidente cuando relajes tu mente.

Contempla el paisaje estéril o congelado de finales del invierno. Mientras comienzas a relajar la mente, deja que tu mirada pasee por la escena. Si vives en un área urbana, podrías utilizar un descampado vacío en el que crezca la hierba durante el verano. En las áreas rurales, tal vez podrías contemplar un campo marrón o un grupito de árboles de hoja caduca desprovistos de hojas. Incluso un tiesto en tu porche con un poco de nieve donde crecerán las flores cuando llegue el buen tiempo es un buen punto en el que concentrarse.

Absorbe en tu interior la visión de la vida que está a punto de emerger de las garras del invierno. Mientras permites que tu propia voz se desvanezca, deja que ese espacio natural llene tu mente. Si tienes problemas para tranquilizar tu monólogo interno, tal vez puedas probar a cantar un verso de tu canción favorita, o a recitar cánticos durante uno o dos minutos para ayudarte a silenciar tus pensamientos. Mientras contemplas el paisaje natural que has escogido, permite a tu mente que comience a ver su futuro. Visualiza la nieve fundiéndose, la hierba parda volviéndose verde y creciendo bajo un sol veraniego, o las flores saliendo del parterre del otro lado de la ventana. Mientras observas este fragmento de la naturaleza girando con la rueda del año, relaja la mente y permite que las imágenes cobren vida propia en la escena.

Quizás solo puedes ver el crecimiento que supone el giro de la rueda, pero, si mantienes la mente abierta, podrían aparecer señales de nuevas posibilidades para tu propia persona. A veces puede ser algo tan obvio como la revelación de qué plantas cultivar en tu jardín. También podría ser algo más esotérico, como verte a ti en el paisaje realizando alguna tarea. Y hasta podrías recibir la visita de un espíritu guía que te empuje hacia una dirección concreta. Las señales más sutiles podrían ser difíciles de descifrar, por lo que requerirán un gran esfuerzo reflexivo. A menudo, durante este tipo de meditaciones, la gente tiene un momento «eureka» de clarividencia en el que una nueva posibilidad se vuelve, de pronto, obvia. Pero no te preocupes si tú no tienes uno de esos momentos. No siempre hay necesidad de nuevas oportunidades, y eso podría indicarte que vas por un buen camino.

Profecías de Fauno

Fauno (también conocido como Luperco) es el centro del festival de la Lupercalia del que hablamos en el capítulo de las Tradiciones Antiguas. Es conocido por otorgar sueños proféticos a aquellos que se lo piden o que duermen en sus lugares sagrados. Sin embargo, tenemos que advertirte que Fauno tiene una energía indómita que puede provocar pesadillas espantosas y perturbadoras, incluso aunque presagien cosas maravillosas. A menos que tengas mucha experiencia con la interpretación de los sueños, los que te envíe Fauno serán difíciles de comprender. Fauno no se comunica de forma verbal; en lugar de eso, utiliza energías y símbolos muy primarios para transmitir sus mensajes.

Si Fauno te ofrece un sueño, toma nota de tantos detalles como te sea posible en cuanto te despiertes. Es una deidad protectora, pero sus métodos animales de custodia a veces pueden resultar difíciles de comprender para los humanos. Por ejemplo, protege al ganado de los lobos, y al mismo tiempo protege a los lobos de los humanos. Su sentido del equilibrio está basado en la naturaleza, y no siempre coincide con la perspectiva humana. Tal vez tengas que revisar los detalles del sueño muchas veces para obtener una conclusión real sobre su significado. Sus símbolos podrían ser violentos o sexuales, lo que dificulta todavía más obtener una interpretación positiva, pero sus sueños tienen fama de contener poderosas verdades.

Aunque es poco probable que quieras dormir bajo un árbol de acebo, abre una ventana de tu habitación, aunque solo sea una pequeña rendija. Al hacerlo, proporcionarás un camino sencillo para las energías naturales de Fauno. Si crees que el dios Pan ha aparecido en tu sueño después de haber invocado a Fauno, evalúa el sueño con atención: a menudo, se confunde a Fauno con Pan.

Justo antes de irte a la cama en una noche de luna llena o de luna nueva, tranquiliza tu mente e invoca a este dios antiguo.

Fauno, el antiguo Luperco, dios de los padres
de los romanos, te pido que escuches mis palabras.

Muéstrame lo que me depara el futuro
en los largos días que están por llegar.

Tu fuerza, tu pasión y tu esencia de la
naturaleza pueden abrir los ojos
de un humano a posibilidades que tal vez
nunca antes se haya planteado.

Te invoco para que entres en mi corazón
y mires dentro de mi alma esta noche.

Guía mis sueños y
muéstrame lo que yace ante mí.

Si no recibes un sueño profético la primera noche, ¡no te rindas! Ofrece la invocación a la noche siguiente, a la misma hora exacta. Si continúas haciéndolo durante veintiocho días, habrás realizado la invocación en todas las fases de la luna. Si para entonces Fauno no te ha enviado ningún sueño, acepta que tal vez es que no tenga nada que mostrarte. Puedes volver a intentarlo en un momento posterior.

Sobres rojos chinos

En China es tradicional ofrecer sobres rojos (llamados *hong bao* o *lai see*) como regalos en bodas y cumpleaños, pero son aún más frecuentes como obsequio durante el Año Nuevo Chino. Las reglas sociales para regalar sobres en China están bien definidas y son un tanto rígidas. Los adultos se los dan a los niños que tienen en sus vidas y a aquellos que les proporcionen bienes o servicios de forma habitual (igual que en Occidente se puede regalar un pequeño detalle al cartero o a la persona que reparte el periódico). No se ofrecen sobres a los compañeros ni a las personas que están en una posición más poderosa. Por ejemplo, un empresario dará tradicionalmente sobres rojos a sus empleados durante el Año Nuevo, pero un empleado jamás le daría un sobre a su jefe. Los padres tradicionalmente se los dan a sus hijos adultos si están solteros, pero no mucho después de mediados de la veintena.

Dentro de los sobres hay un regalo seguro: dinero. La cantidad depende de la relación que tengas con la persona que te lo esté dando. Cuanto más cercana sea la conexión con la persona que recibe el sobre, más dinero se le dará. Aunque estas reglas no son totalmente extrapolables a Occidente, son similares en algunas tradiciones en las que se da dinero a los niños por Navidad o en sus cumpleaños, en las que se dan menos cantidades según la «distancia» de la relación (por ejemplo, tu tío te daría más dinero por Navidad que tu tío abuelo). Podemos inspirarnos en la idea principal y adaptarla a una nueva práctica que retome esta antigua tradición oriental y la integre en un contexto occidental. Aunque algunos podrían apreciar la tradición de regalar dinero a los amigos y familiares cada año durante las fechas del Imbolc, siempre hay un regalo más personal que puedes ofrecer a las personas que te importan; ya que algunos dirán que algo más entrañable es mejor que unos cuantos billetes.

En lugar de dar sobres solo a los «subordinados», se pueden regalar a cualquier persona que sea importante en tu vida, sobre todo si es alguien con quien interactúes de forma habitual. En vez de ofrecer dinero o tarjetas de regalo como es tan común hacer en algunas festividades, puedes celebrar el Año Nuevo Chino o incluso el propio Imbolc regalando sobres que contengan una frase simple sobre lo que la persona que lo recibe significa en tu vida. En muchos casos estamos conectados a personas en nuestras vidas diarias que no tienen ni idea de lo que representan para nosotros. La cajera del supermercado que siempre te pregunta cómo están tus hijos, el vecino que te mete el periódico en el porche cuando está lloviendo o los profesores de tus hijos podrían ser personas que ejerzan un efecto positivo en tu vida. Lo más probable es que no tengan ni idea de que sus pequeños servicios y su amabilidad te resultan significativos, a menos que se lo digas. El sobre rojo es una forma estupenda de hacérselo saber.

El color rojo de los sobres representa la buena suerte para el próximo año, así que vale la pena dedicar un esfuerzo extra a buscarlos de este tono, aunque es solo una opción. Dentro, mete una tarjeta pequeña con una sola frase escrita a mano en la que le digas al receptor cómo ha influido de forma positiva en tu vida. «Tu sonrisa siempre me alegra el día» o «Siempre me haces reír» son la clase de mensajes que puedes enviar a los demás, lo que les mostrará que valoras sus esfuerzos. Y tampoco es necesario detenerse ahí.

¿Cuántas veces nos paramos a decirles a las personas que más nos importan lo mucho que apreciamos las pequeñas cosas que hacen por nosotros? A veces la gente piensa que no se les valora cuando se esfuerzan en hacer cosas pequeñas que nunca se reconocen. Incluso aunque se sientan así, darles un sobre rojo es una forma estupenda de calentar el corazón de alguien cercano a ti, simplemente haciéndole saber que le aprecias. También puedes utilizar estos sobres para recompensar a un niño por algún logro, aunque solo se trate de un pequeño detalle.

Cada sobre rojo debería estar etiquetado a mano (con la dirección escrita si se manda por correo) y con una única tarjeta en su interior. Lo ideal es que la tarjeta sea de color rojo, pero cualquier color y estilo servirá. El dragón chino es un símbolo de buena fortuna, así que una tarjeta que tenga un dibujo de uno sería una doble bendición. Hasta puedes utilizar una tarjeta de visita blanca. Escribe una única frase en la tarjeta que le diga a la persona de forma sucinta cómo hace que tu vida sea mejor.

Cada tarjeta debe escribirse a mano, y no debería haber dos tarjetas que digan exactamente lo mismo. Dedica un tiempo a pensar en cada tarjeta, y evita las frases mundanas e impersonales como «Gracias por recogerme el periódico». Ahonda más en lo que hace esa persona. Por ejemplo: «Cada vez que me encuentro el periódico seco y a salvo en el porche, sé que tú estás ahí bajo la lluvia, pensando en mí, y eso me alegra un poco el día». Después de sellar el sobre, coloca ambas manos por encima de él e invoca a una deidad apropiada a su contenido. Escoge a un dios o diosa basándote en lo que hayas escrito en la tarjeta para esa persona en particular. Para el ejemplo que hemos puesto antes, si una persona te hace sentir más seguridad, puedes pedirle a Kwan Yin (diosa patrona de los guardianes) que bendiga el sobre.

También puedes hacer que esta magia personal sea una verdadera sorpresa si entregas los sobres el primer día del Año Nuevo Chino. Fuera de las grandes ciudades con comunidades asiáticas activas, muchos de los que vivimos en Occidente no somos conscientes de la fecha, ya que cambia todos los años. El sobre será una auténtica sorpresa para la mayoría. Este pequeño reconocimiento se verá magnificado y propagado a través de la energía que irradiará la persona que ha recibido el sobre y que influirá sobre aquellos que estén a su alrededor.

RITUALES
DE
CELEBRACIÓN

from sleep, cleansing, sprouting seeds, fertility, transitions,

on, rebirth, transformation, youth, well-being, emergence, ...

...onical midpoint between the winter solstice and the vernal eq...

15 degrees of aquarius in northern hemisphere, sun at 15

...outhern hemisphere, female; the goddess transforming from ...

the goddess in the form of young mother tending to her gro...

...t in the form of a child exploring the world, the innocence

...e, Brigid, Aphrodite, Diana, Cranrhed, Aitia, Athen...

...Inanna, Juno, Selene, Vesta, Sele, Februus, Brage, C...

...Cecht, Dumuzi, Eros, light green: abundance, growth, fer...

...calming, new beginnings and prosperity, pink: harmony, ...

...on, love, spiritual healing, virtue, spring, honor, contentment,

...peace, protection, healing, truth, divination, purification, ...

...vitality creativity, communication, the sun, planning, psy...

...angelica: balance, new beginnings, consecration, insight, pr...

...success, basil: clarity, divination, love, money, protection,

...elderberry: growth, attachments, fertility, intuition, prosperity

...innamon: balance, blessings, courage, protection, purification,

...protection, abundance, community, balance, ...

Si quieres extender la magia y la celebración del Imbolc más allá de simples invocaciones, podrías plantearte hacer un ritual más sofisticado. Aunque por lo general los rituales completos son más complicados en su preparación y ejecución, también proporcionan una experiencia más profunda y efectiva. Hay tres rituales diferentes en este capítulo. El primero es un ritual en solitario, el segundo está destinado a parejas, y el tercero es para aquelarres u otros grupos. Aunque estos rituales están cuidadosamente diseñados para que sean todo lo flexibles que sea posible, tómate la libertad de hacer cualquier cambio que necesites para que encajen con tus necesidades y tus creencias.

La semilla de fuego: un ritual en solitario

El Imbolc es ciertamente el momento perfecto para tomar conciencia de la llama que encendemos mientras la Tierra gira hacia la primavera y celebrarla. La idea es plantar dentro de ti una «semilla de fuego» con una energía ardiente que crecerá y florecerá en primavera o en verano. Mi padre tal vez se refiriera a este ritual como «ponerse las pilas» para hacer algo, en vez de como «semilla de fuego», pero la idea es esencialmente la misma. El ritual es para un practicante en solitario, y por una buena razón.

Muchos de nosotros tenemos experiencia utilizando la magia como herramienta para pedir las cosas que queremos. Usar la magia para atraer la prosperidad económica es una práctica antigua que probablemente seguirá existiendo mientras exista el concepto del dinero, pero a menudo se centra en lo que *queremos*, más que en lo que *necesitamos*. Una semilla de fuego se puede utilizar para algo que queremos, pero no servirá de mucho: ya tienes ese impulso y deseo por las cosas que quieres. Las semillas de fuego tratan más sobre las cosas que necesites, pero que probablemente no quieras.

Un ejemplo perfecto de cuándo utilizar una semilla de fuego sería en relación a un hábito que quieras dejar. Se pueden utilizar para muchos propósitos diferentes, pero el de dejar un hábito es uno con el que la mayoría podemos sentirnos identificados. Puede que sepas que deberías dejar de fumar, pero en el fondo no tienes el deseo de hacerlo. Y, aunque quieras parar, hay veces que otros factores (como la adicción) podrían empujarte de vuelta a ese hábito. A lo mejor te emociona apuntarte a un curso nuevo, pero solo puedes ir los lunes a las siete de la mañana. Una semilla de fuego puede ayudarte a motivarte para salir de la cama a tiempo para llegar a esa clase. O tal vez quieras escribir una novela maravillosa, pero no parece que seas capaz de encontrar el tiempo necesario para hacerlo.

Utilizar una semilla de fuego te ayudará a crear un «deseo ardiente» dentro de ti al que puedes recurrir cuando lo necesites. El Imbolc es una época para plantar semillas de toda clase, y es un momento ideal para plantar una semilla de fuego dentro de ti. Las semillas de fuego a menudo se guardan como un asunto privado (a diferencia de los tradicionales propósitos de Año Nuevo). Si tu semilla de fuego está creciendo y te está ayudando, la única transformación que podrían observar los demás sería un cambio en tus hábitos.

También tenemos que advertirte de que seas precavido: seguro que has oído la frase «Ten cuidado con lo que deseas, porque podrías conseguirlo». Eso es totalmente cierto con las semillas de fuego. No crees una semilla de fuego sin pensar en todos los efectos posibles. Si plantas una semilla de fuego para encontrar tiempo para escribir tu novela, ¿podría tener algún efecto negativo en tus relaciones familiares o románticas, por ejemplo? Una semilla de fuego puede ejercer su influencia incluso si no es conveniente. A veces puedes extinguirlas, pero es mucho mejor pensar bien acerca de tu deseo por adelantado y no tratar nunca de plantar más de una semilla de fuego al mismo tiempo.

Este ritual funcionará mejor si se hace dentro de los confines de un círculo mágico. Incluso aunque no tengas la costumbre de trabajar dentro de un círculo, se recomienda enormemente que crees uno para este ritual, porque es preferible que no haya energías extraviadas presentes cuando plantes tu semilla de fuego. Como ocurre con cualquier clase de magia, este ritual se puede realizar sin más herramientas que tu propio ser, pero lo cierto es que se beneficia del uso de ciertos recursos de altar si puedes disponer de ellos.

- *Un trozo de papel:* En él tendrás que escribir lo que quieres que haga tu semilla de fuego. Intenta que el objetivo sea simple; evita escribir más de una frase. Por ejemplo, «Haz que quiera dejar de fumar», o «Dame el valor» para hacer algo específico. Escribe con letra clara, para que puedas leerlo con facilidad.
- *Un caldero:* Puedes utilizar un plato o taza de color oscuro que esté hecho de cerámica, metal o barro cocido.
- *Un athame*: Puedes utilizar un cuchillo de cocina, pero tiene que ser un cuchillo poco afilado (como un cuchillo de mantequilla), y el mango tiene que estar envuelto con algo negro. De forma alternativa, puedes sustituirlo por una varita.
- *Un cáliz:* Puedes utilizar cualquier copa transparente.
- *Líquido:* Aunque una pequeña cantidad de licor puede servir, esto no es apropiado para todo el mundo. Utiliza té o agua caliente si lo prefieres.

- *Una vela blanca pequeña con portavelas:* Puede ser algo tan simple como una pequeña vela de cumpleaños blanca encima de un platillo, o una velita de color blanco en un portavelas de cristal. Lo mejor es utilizar una vela que hayas hecho tú o que hayas bendecido previamente.
- *Mesa de altar:* No tiene por qué ser un altar dedicado; puede ser cualquier mesa pequeña que puedas utilizar mientras estás de pie. Eso sí, lo bastante grande como para contener los objetos que vas a utilizar en el ritual, pero lo suficientemente pequeña como para poder caminar en círculo con facilidad a su alrededor.
- *Tela de altar blanca*: Cualquier tela blanca y limpia servirá. No tiene que ser algo que utilices exclusivamente en los rituales.
- *Un mechero o cerillas: Se necesitan* para encender la vela durante el ritual.
- Si tienes dificultades para estar de pie o de rodillas durante más de unos cuantos minutos, plantéate la posibilidad de colocar una silla o taburete cerca del altar. También podrías utilizar pinzas o tenazas para sujetar el papel mientras lo quemas.

El Imbolc es el momento perfecto para plantar una semilla de fuego, y en esta época del año Brigid es la deidad más obvia a la que pedir ayuda y poder para este ritual. Desde luego, podrías sustituirla por otras deidades de tu propio camino (o añadirlas), pero pedirle las cosas a Brigid durante el Imbolc sin duda aporta algo de poder al proceso. Si modificas el ritual para otra deidad, asegúrate de reescribir los ensalmos para que se ajusten específicamente al dios o diosa que invocas.

Limpia de forma física y espiritual el espacio donde vayas a realizar el ritual. La limpieza física del espacio es tanto una señal de respeto hacia las deidades que vas a invitar como una forma de minimizar las distracciones que puedan alejar tu mente del ritual.

Para la limpieza espiritual, utiliza un buen incienso o hierbas aromáticas para expulsar todas las energías indeseadas de tu espacio. Recuerda que las vibraciones negativas o indeseadas se acumulan en la vida diaria, así que limpia el espacio de forma física y espiritual cada vez que tengas intención de trabajar con una semilla de fuego, para asegurarte de no introducir en tu interior ninguna fuerza indeseada.

Coloca la tela sobre la mesa del altar, seguida por las herramientas que vas a necesitar. El caldero y el cáliz tienen que estar en el lado izquierdo (oeste) de la mesa del altar. Deja el caldero vacío. El athame y/o la varita tienen que estar en el lado derecho (este). Tu vela (todavía sin encender) tiene que estar dentro de su portavelas en el centro del altar. Coloca el trozo de papel con tu deseo de la semilla de fuego escrito delante de la vela. Finalmente, vierte el líquido que hayas escogido en el cáliz. Si usas agua o té caliente, asegúrate de dejar que se templen para no quemarte. No llenes el cáliz hasta arriba. Tan solo necesitas entre tres y cinco centímetros de líquido, sobre todo si estás utilizando alcohol.

A continuación, puedes usar la Invocación de los Cuartos, que veremos a continuación, o emplear tu propio método para trazar un círculo mágico. Recuerda que, aunque los llamemos «círculos», en realidad se trata de esferas. Esto es especialmente importante para rituales como este, en los que te pondrás en pie y levantarás los brazos. Es importante que te asegures de que tu esfera sea lo bastante grande como para permitirte levantar los brazos sin tocar sus bordes.

Los círculos mágicos se suelen «invocar» pidiendo a los cuatro elementos que se unan. Cada uno de estos elementos están asociados con una dirección de la brújula. Algunos paganos alinean sus círculos con el norte geográfico (lo que significa que señalan la auténtica parte norte del planeta), mientras que otros alinean los suyos con el norte magnético (que cambia de vez en cuando). Hay cuatro puntos cardinales que señalan los límites del círculo. Cuando recorras el círculo en el sentido de las agujas del reloj, el este será el elemento del Aire; el sur será el Fuego; el oeste, el Agua; y el norte será la Tierra.

Para invocar a los cuartos, da una vuelta completa alrededor de tu altar, caminando cerca del límite exterior pero siempre dentro del círculo. Tal vez quieras dibujar el límite exterior del círculo utilizando tu athame o tu varita. Si empleas una de estas herramientas, vuelve a colocarla sobre el altar antes de continuar con el siguiente paso. Comienza por el cuarto del este y da una vuelta completa al círculo. Cuando vuelvas a estar en el cuarto del este, mira hacia el exterior del círculo, todavía desde el interior. Levanta los brazos y ofrece la siguiente invocación o una similar:

Espíritus del Este, grandes Poderes del Aire,
os invoco esta noche dentro de mi círculo
y os pido que os unáis a mí
para el importante trabajo que hago aquí.

Por favor, traed vuestra sabiduría y volubilidad
a este círculo e inspirad mi labor aquí esta noche.

Continúa con los demás cuartos y repite el proceso con estas invocaciones:

Espíritus del Sur, grandes Poderes del Fuego,
os invoco esta noche dentro de mi círculo
y os pido que os unáis a mí
para el importante trabajo que hago aquí.

Por favor, traed vuestra fuerza y energía
a este círculo y proteged mi labor aquí esta noche.

Espíritus del Oeste, grandes Poderes del Agua,
os invoco esta noche dentro de mi círculo
y os pido que os unáis a mí
para el importante trabajo que hago aquí.

Por favor, traed vuestra compasión
y el valeroso abrazo del cambio a este círculo
e iluminad mi labor aquí esta noche.

Espíritus del Norte, grandes Poderes de la Tierra,
os invoco esta noche dentro de mi círculo
y os pido que os unáis a mí
para el importante trabajo que hago aquí.

Por favor, traed vuestro poder y vuestra razón
a este círculo y potenciad mi labor aquí esta noche.

Cuando hayas invocado a los cuartos, continúa caminando alrededor del altar en el sentido de las agujas del reloj hasta que te encuentres en el cuarto sur de tu círculo. Date la vuelta y mira al altar para ofrecer esta invocación:

Diosa Brigid, Diosa del Fuego y el Agua,
te invoco y te invito
al círculo que he trazado esta noche.

Diosa del Pozo Sagrado y Guardiana de las Llamas,
te pido que traigas tu poder y tu sabiduría
a este círculo esta noche,
que sumes tu llama y tu energía
a la semilla de fuego que voy a crear hoy
para ayudarla a crecer y prosperar.

Brigid, Diosa de la Forja,
te honro y te pido tu ayuda y tu iluminación
para mi trabajo de esta noche.

Enciende la vela y recita:

Vengo aquí hoy para pedir cambio
en la forma de una semilla de fuego.
Diosa Brigid,
ayúdame a dar forma y plantar esta simiente,
para que puedan crecer grandes cosas.

Coge el trozo de papel y recita:

Creo esta semilla de fuego esta noche
con el único propósito de
[lee lo que has escrito]

Léelo de forma lenta y clara para asegurarte de que no haya ninguna confusión en lo que la semilla de fuego va a hacer. Dobla el papel en una forma triangular lo bastante pequeña como para caber dentro del caldero, pero lo suficientemente grande como para poder sujetar el papel de forma segura mientras lo sostienes sobre la llama de la vela.

Cuando el papel esté doblado, sujétalo con fuerza con tu mano hábil mientras centras la mirada en la vela. Concentra tu mente en el objetivo de la semilla de fuego. Visualízala dentro de ti, realizando su tarea a la perfección. Visualízala en el ojo de tu mente como una pequeña esfera roja que brilla con fuerza con la llama de Brigid en su interior. Continúa meditando e imaginándola hasta que sientas la energía de la semilla de fuego que estás creando. En el momento en el que puedas sentir esa fuerza con suficiente intensidad, coloca una esquina del papel doblado en forma triangular sobre la llama de la vela mientras recitas:

Te invoco a ti, Brigid, Diosa del Fuego y el Agua,
para que estas palabras cuajen
en el corazón de mi semilla de fuego.

La semilla de fuego no se apagará
hasta que su objetivo se haya cumplido
por completo.

¡Que así sea!

Coloca el papel ardiendo dentro del caldero. Mientras este se consume por el fuego, visualiza tu nueva semilla de fuego elevándose desde las cenizas acompañada por una fuerte luz brillante. Cuando el papel se haya consumido del todo, la semilla de fuego estará fortalecida por completo.

El siguiente paso endurecerá el exterior de la semilla de fuego para dotarla de longevidad. También reducirá el calor de la llama de Brigid lo suficiente como para poder introducirla sin peligro dentro de ti. Para templar la semilla de fuego es necesario que la muevas, pero no puedes tocarla de forma física: es un constructo simbólico que no existe por completo en el plano físico. Sin embargo, puedes moverla si colocas tus manos a cada lado del caldero que la contiene.

Con tus pensamientos centrados únicamente en mover la semilla de fuego, levanta las manos sobre el caldero para sacarla. Muévela con lentitud hasta que la sostengas por encima de tu cáliz. A continuación, recita:

La semilla ha sido fortalecida por el Fuego,
pero también se puede templar como el herrero templa el acero,
y bendecir con los poderes del Agua para que nunca me queme.

Libera la semilla de fuego para que caiga dentro del cáliz. Respira hondo, levanta el cáliz por encima de tus ojos y recita:

La semilla está preparada dentro de este cáliz bendecido.

Pido a todos los Poderes
reunidos esta noche en este círculo
que bendigan y fortalezcan esta semilla,
para que me ayude a cumplir su objetivo
sin causar ningún daño a los demás.

La semilla se convertirá ahora
en parte de quien soy,
mientras guardo su llama en mi interior.

Que así sea.

Con toda la rapidez que puedas, bébete el líquido del cáliz. Si es posible, bébetelo (con la semilla de fuego en su interior) de un solo trago. Cuando hayas terminado de ingerir todo el líquido, puedes poner fin al ritual:

La semilla está dentro de mí y
siento su calor incluso ahora.

Seguirá ardiendo en mi interior
hasta que haya logrado su objetivo.

Gracias, Diosa Brigid,
por compartir tu llama y tu agua
esta noche conmigo,
para que pueda hacer
este cambio dentro de mí.

Emerjo de este círculo como una persona renacida,
con esta semilla de fuego brillando con fuerza
dentro de mi corazón.

Devuelve el cáliz vacío a su lugar sobre tu altar. Si tienes otras labores mágicas pendientes, puedes continuar utilizando este círculo hasta que hayas terminado con todo. Después, puedes disipar el círculo mágico utilizando las técnicas de tu propia cultura. Si has empezado utilizando la invocación del círculo que te hemos mostrado en las páginas anteriores, puedes disipar el círculo siguiendo estos pasos:

Primero, libera a cualquier deidad que puedas haber invocado (aparte de Brigid), y después libera a la propia Brigid:

Gran Brigid,
Diosa de la Llama y Diosa del Pozo,
te doy las gracias por unirte a mí
en este círculo mágico esta noche,
y por la energía y la sabiduría
que me has otorgado.

Te libero de este ritual y te pido solo
que escuches mi voz
y vuelvas a unirte a mi círculo
la próxima vez que invoque tu nombre.

Camina por el altar en el sentido de las agujas del reloj hasta que llegues al cuarto del norte. Mirando hacia fuera, libera primero el cuarto del norte:

Espíritus del Norte, grandes Poderes de la Tierra,
abro este círculo mágico y os libero.

Quedaos si gustáis, marchaos si debéis.

Después, camina en el sentido contrario de las agujas del reloj hasta el cuarto del oeste y repite el proceso para el elemento del

Agua. Continúa liberando también los cuartos del sur y del este. Finalmente, recita:

El círculo está abierto, pero jamás roto.
La magia está en marcha esta noche.

Deshazte de las cenizas de tu caldero en agua corriente, o entiérralas en tu jardín. Para los que practicáis la magia de incienso, otra opción es tamizar las cenizas y añadirlas a tu incensario mágico principal.

Amor nuevo/renovado: ritual para parejas

Febrero es un mes asociado con el amor y el romance, así como con la fertilidad. Este es un ritual pensado para afirmar (o reafirmar) el amor entre dos personas. El ritual está escrito sin especificar el género de ninguna manera, de modo que lo pueda utilizar cualquier tipo de pareja. El amor no está atado por el juicio convencional o la influencia social, así que es importante que su magia tampoco tenga ataduras. El amor también puede existir como una emoción platónica, así que hasta puedes utilizar ese ritual (con algunas ligeras modificaciones) para dos personas que no sean amantes en la vida real.

Como ocurre con todos los rituales que puedes leer en esta serie de libros, deberías modificarlo para que encaje con tu camino espiritual y tus creencias personales. Las partes habladas de este hechizo deberían reescribirse de forma específica para ti y para el otro participante de tu ritual. Las palabras que leerás a continuación son solo sugerencias, ya que se trata de una ceremonia enormemente personal. Aunque es apropiada para el propio sabbat del Imbolc, también lo es para cualquier otro momento durante el ciclo de la Luna de Leche (normalmente coincidente con el Imbolc), o incluso en la festividad profana del Día de San Valentín. Escoge un momento en el que ambas personas podáis estar juntas sin interrupciones. Esa puede ser una verdadera hazaña si tenéis niños en la casa, pero lograr unos pocos minutos para dedicarlos solo a ti y a la persona que ames es un regalo maravilloso para los dos.

Para este ritual necesitarás los siguientes objetos:
- Una vela alargada estrecha o gruesa de color rojo o rosa (con portavelas).
- Dos velas alargadas de color blanco con portavelas.
- Aceites esenciales o dos barritas de incienso pequeñas que representen a cada participante (utiliza solo unas pocas gotas de cada aceite). Los participantes tienen que escoger un aceite o incienso con el que se sientan muy identificados. Si optas por el incienso, también necesitarás un calentador de incienso. Lo mejor es utilizar uno que esté lleno de ceniza o arena.
- Un cáliz; una copa de vino bonita es una buena elección.
- Dos recipientes pequeños de cristal con pitorro o saliente (como un vaso de medición); lo utilizarás para verter líquido.
- Líquidos para beber; cada líquido representa a una de las personas.
- Una tela de altar que resulte agradable a los dos participantes (la tela blanca siempre es apropiada, pero una de color rosa o rojo sirve igual de bien).
- Música suave de fondo; opcional, pero puede mejorar la atmósfera.
- Los dos participantes tienen que llevar también un objeto pequeño que les recuerde a la otra persona.
- Un mezclador de café, un palito de madera o una cuchara de batir (opcional).
- Un paño pequeño para aderezar las velas; utilizadlo si los aceites esenciales que hayáis escogido no tienen una base de aceite neutro (opcional).

Realizar el ritual a la luz de la luna añade todavía más energía y emoción. Sin embargo, no tienes que esperar a que haya luna llena; la luz de la luna creciente sigue siendo potente y, por supuesto, la propia luna es un símbolo poderoso para muchos amantes. Lo recomendable es hacer este ritual en particular sin ropa, pero no tenéis que hacer nada en ningún ritual que os haga sentir significativamente incómodos. Hacer un ritual desnudo no es algo para todo el mundo, pero, si nunca antes has probado a hacerlo, este puede ser un buen momento para empezar.

Si tu amante y tú nunca habéis hecho magia juntos antes, es muy buena idea hablar primero sobre cómo queréis proceder. Este ritual se puede realizar dentro de un círculo mágico, pero no es obligatorio. Tal vez queráis invitar a vuestras deidades personales al ritual, o realizarlo tal cual está escrito. Mientras las dos personas estéis de acuerdo, puedes hacer tantas modificaciones como queráis.

Comenzad atenuando las luces y apagando los teléfonos. Si vais a poner música, hacedlo antes de comenzar. Pese a que este ritual pretende ser un momento tranquilo entre dos amantes (y por lo tanto se recomienda utilizar música tranquila), si el *heavy metal* es más de vuestro estilo, tal vez queráis poner música un poco más fuerte. Aunque muchos de los rituales del Imbolc se pueden realizar en el exterior (sí, ¡incluso en febrero!), este está mucho más pensado para hacerlo en el interior. ¡Un ritual de Imbolc sin ropa en el exterior es solo para los más valientes y resistentes! Si compartís dormitorio, esa habitación es un buen lugar siempre que tengáis espacio para poder sentaros juntos en el suelo.

Extended la tela del altar. Podéis utilizar una mesa baja como altar si queréis, pero este es un ritual que funciona bien si os sentáis en el suelo (si sois capaces físicamente). Aseguraos de que la superficie que estéis utilizando sea apta para usar velas. Con un total de tres velas, además del incienso ardiendo, es importante que haya una superficie robusta para que las herramientas del altar no se vuelquen. ¡Prender fuego a la casa no sería una buena forma de mostraros vuestro amor mutuo! Colocad las dos velas blancas en sus portavelas correspondientes. Colocad una a la izquierda del altar y otra a la derecha. Lo tradicional es que la vela del hombre vaya en el lado derecho y la de la mujer en el izquierdo, pero en la magia moderna puedes alterar eso de cualquier forma que prefieras. En las relaciones entre personas del mismo género, la distinción entre los lados «masculino» y «femenino» de un altar podría no tener ningún significado para vosotros. Las deidades son más flexibles sobre esta clase de cosas que la mayoría de la gente, así que ajustad vuestro altar para que encaje con vuestras circunstancias particulares. Tan solo decidid quién de los dos estará a cada lado del altar, y colocad vuestras herramientas en consecuencia. Puede que utilizar términos como «la persona en el lado izquierdo del altar» no sea tan poético, pero se compensa con la actitud inclusiva.

A continuación, coloca la vela roja en el centro de la tela del altar. Si vais a utilizar aceites esenciales, añade una pequeña cantidad de cada uno dentro de un plato o cuenco pequeño. Solo necesitarás unas pocas gotas de cada aceite. Los participantes tienen que colocar su aceite junto a la vela en su lado de la tela del altar. Si estáis utilizando incienso, tenéis que colocarlo también junto a la vela blanca que os represente. El cáliz vacío se tiene que ubicar unos cuantos centímetros por delante de la vela roja. Si estáis empleando incienso, el incensario tiene que estar unos pocos centímetros por delante del cáliz. Por último, deja los dos recipientes de cristal pequeños sobre el altar, uno a cada lado.

Antes de que comience el ritual, encended las dos velas blancas y llenad parcialmente los dos recipientes de cristal y colocadlos a cada uno de los lados del altar. Al final, los líquidos de los dos recipientes se combinarán y después se consumirán, así que los participantes tal vez quieran tener esto en cuenta al realizar la elección. Aunque puedes llenar un recipiente de leche y el otro de vodka, no creo que el resultado sea muy agradable al gusto. Pero, si sustituyes el vodka por sirope de chocolate, seguro que el resultado es más aceptable. Si no tenéis muy claro qué líquidos escoger, algo que nunca falla es el agua limpia y pura.

Con las luces y la música ajustadas, la puerta cerrada y las velas ardiendo, podéis comenzar con el ritual. Si vais a estar desnudos, quitaos la ropa justo antes de comenzar. Los dos participantes tenéis que sentaros frente al altar (en el lado sur si el altar está orientado hacia el norte), mirándoos mutuamente. Sentaos de cualquier forma que os resulte cómoda. Antes de comenzar, tomaos unos instantes para despejar vuestras mentes. Cuando sientas que es el momento de comenzar, mira a los ojos de tu pareja para asegurarte de que estáis coordinados.

Comenzará la persona sentada a la derecha (en el este si el altar está oriento al norte). Recordad que las palabras que hay a continuación solo son sugerencias generales. Deberías tratar de hacer que vuestras palabras sean todo lo específicas, personales y significativas para tu pareja y para ti que sea posible.

Te amo desde la primera vez que mis ojos vieron los tuyos.

Lo que podría haber sido una vida vacía y hueca,
se encuentra ahora bajo la luz de tu amor.

Has llenado mi corazón y mi alma…
Mi ser estaría incompleto sin ti.

[Tendrá que señalar la vela blanca del lado derecho del altar.]

Esta vela es la luz que has traído a mi vida.

Tu luz aleja a las sombras de mi mente
y traes alegría y seguridad a mi vida.

La persona de la izquierda responde:

Te quiero desde ese mismo momento.

Cuando tocaste mi alma por primera vez,
me prendiste con una llama brillante.

Has llenado mi corazón y mi alma
de más amor del que jamás hubiera creído posible.

No sabía lo vacía que estaba mi vida
hasta que tu luz llenó
ese espacio oscuro y hueco dentro de mí.

[Tendrá que señalar la vela blanca del lado izquierda del altar.]

Esta vela es la luz que has traído a mi vida.

Tu luz me ha mostrado un amor
como el que jamás hubiera podido imaginar.

Unir nuestras vidas ha creado una sinergia única
que jamás hubiera podido soñar.

Entonces, tendrá que levantar el recipiente de cristal del lado izquierdo del altar y verter un poco de líquido en el cáliz.
La persona de la derecha deberá responder:

Nuestra vida juntos es una sinergia
que jamás habría podido antes soñar.

Ahora no puedo imaginar la vida sin ti.

A continuación, tendrá que levantar el recipiente del lado derecho del altar y verter un poco de líquido en el cáliz. En este momento, podéis dejar que los líquidos se mezclen de forma natural, o podéis removerlos. Los dos tendréis que insertar el dedo índice de vuestra mano hábil en el cáliz y remover el líquido juntos. Si preferís no meter los dedos en la bebida, utilizad un palito de madera o un mezclador de café. Unid las manos hábiles sobre el instrumento y mezclad al unísono la mezcla. Ahora, las dos personas tenéis que decir:

Dos se convierten en uno y el uno empodera a los dos.

Utilizando las dos manos, tendréis que sujetar el cáliz a la altura de los ojos. Mientras la persona de la derecha bebe del cáliz, la persona de la izquierda debe decir:

Esta noche, mi espíritu es tuyo y el tuyo es mío.
Mientras los líquidos se funden,
nuestras almas lo hacen también.

Mientras la persona de la izquierda bebe, la persona de la derecha deberá repetir las mismas palabras. Devolved el cáliz al altar. Si habéis elegido utilizar aceites en el ritual, las dos personas tendréis que «aderezar» la vela con el aceite de su lado del altar. Es importante recordar que los aceites esenciales puros no se deben tocar con la piel desnuda. Si estás utilizando un aceite esencial con una base de aceite neutro, puede que sea seguro aplicárselo a la vela con los dedos. De lo contrario, hazlo con un paño pequeño.

Si has decidido incluir incienso en el ritual, las dos personas tendréis que encender el incienso de vuestro lado del altar utilizando la vela correspondiente. Insertad ambas barritas en el incensario lado a lado. Cuando tengáis la vela roja aderezada o el incienso ardiendo en el incensario, decid los dos:

Dos almas se convierten en una
al igual que dos esencias se convierten en una.
Dos almas se convierten en una
al igual que dos llamas se convierten en una.

Unid las manos sobre el cáliz (la persona de la derecha utilizará la mano izquierda, y la persona de la izquierda utilizará la mano derecha). Cada uno levantará su vela con la mano libre y juntos encenderéis la vela roja utilizando ambas velas. Devolved las velas al altar. En este momento, habréis creado una energía muy intensa que se puede celebrar de forma sexual o como un tiempo extraordinario los dos juntos.

Cuando hayáis terminado, extinguid las velas de la forma que hemos mencionado anteriormente en el libro. Si el incienso todavía está ardiendo, debéis dejar que arda hasta extinguirse de forma natural si vais a estar en la habitación. Nunca dejéis incienso, velas ni nada ardiendo mientras no estéis en la habitación, para aseguraros de que vais a seguir allí durante muchos más Imbolcs.

Desenroscando el dragón: ritual en grupo

El Imbolc es el momento en el que la tierra está comenzando a despertar con el objetivo de prepararse para la primavera, que está ya a la vuelta de la esquina. Es el momento de «estimulación» de la tierra, cuando la nueva vida y las nuevas ideas comienzan a removerse. El Imbolc también es una celebración del fuego y de la luz. El dragón es un símbolo que está asociado desde hace mucho tiempo con ambas ideas, y también está relacionado con Brigid y el Imbolc. Este ritual despierta al espíritu somnoliento de su descanso invernal y da vida y energía a las ideas que están a punto de cobrar forma en el plano físico. Al igual que los animales que hibernan comienzan a agitarse con las últimas nevadas invernales, el dragón que vive dentro del mundo (y dentro de cada uno de nosotros) también despierta. El dragón de la tierra caminará contigo hasta que regrese el invierno. En el Imbolc está listo para alzarse, estirarse y calentarnos desde dentro hacia fuera.

El foco de atención de este ritual es un altar cubierto de tela amarilla que representa al sol cálido, así como al núcleo caliente de la Tierra. Enroscado alrededor de estas fuentes de calor yace el dragón de la tierra. Los participantes del ritual construirán su propia réplica del dragón, y no solo lo despertarán, sino que volarán con él mientras enciende una vela para cada persona. La persona que se encuentre más cerca del altar encenderá una vela que se pasará con lentitud por el lomo del dragón hasta llegar a su cabeza. Con el fuego restaurado después de su letargo, el dragón se desenroscará de su cálido lecho y ofrecerá su fuego al objetivo de cada uno de los participantes para los días de calidez que se acercan.

Este ritual está pensado para cinco personas o más, pero puedes divertirte probándolo con menos gente si lo prefieres. El trece es el número perfecto de personas para este ritual, pero se puede adaptar con facilidad para grupos mucho más grandes. Aunque los grupos a menudo se organizan como aquelarres, hay muchas ocasiones en las que los rituales se realizan en grupos con menos organización formal (por ejemplo, en un ritual público, o como parte de un festival grande). Para cubrir todas estas posibilidades, vamos a utilizar los términos «guía» para referirnos a la persona que se encuentre a la cabeza del dragón, y «ancla» para referirnos a quien se encuentre al final de la cola del dragón, en lugar de los títulos de Suma Sacerdotisa y Sumo Sacerdote. El ancla comienza la cadena de gente que dará forma al cuerpo del dragón.

Este ritual no se tiene que realizar dentro de los confines de un círculo mágico. Si tu grupo normalmente trabaja dentro de un círculo, podéis realizar así el ritual siempre que recordéis que tal vez necesitéis trazar uno más grande del que invocaríais normalmente. Necesitáis espacio suficiente para que tu grupo entero se tome de las manos y forme un círculo grande. Una mesa de altar puede servir como punto central para este ritual y, si vais a realizarlo en el exterior, una fogata pequeña podría servir como punto de referencia si la situamos junto a una mesa de altar.

Necesitaréis:

- Una mesa de altar en el centro de la zona del ritual (de forma opcional, adyacente a una fogata).
- Una tela de altar amarilla.
- Una vela blanca alta y gruesa.
- Una vela blanca alta y delgada.
- Un portavelas para la vela alta y delgada que se pueda pasar de una persona a otra mientras está ardiendo. Un farolillo para velas que tenga cristal o una rejilla metálica alrededor para evitar contactos accidentales con la llama puede ser perfecto para este ritual.
- Incienso de drago con incensario: las barritas o los conos son el formato más conveniente, pero el carbón y la resina pura de drago también funcionará bien. Si no tienes acceso al incienso de drago natural (que no sea incienso «con aromas»), puedes utilizar cualquier otro de origen orgánico. El estragón quemado en carbón es un buen sustituto (el estragón se conoce también como «dragoncillo»).
- Más velas con portavelas: que cada participante traiga su propia vela personal (de cualquier color o diseño) y un portavelas apropiado. Si estáis utilizando un farolillo para velas, el «guía» (la «cabeza» del dragón) debería escoger una vela estrecha y alargada como vela personal.

El altar tiene que estar cubierto con la tela amarilla, y la vela blanca y gruesa debe estar ubicada en el centro, junto con el incienso y el incensario. Prende la vela antes de comenzar y, si utilizas carbón para quemar el incienso, este también debería encenderse por adelantado. Si utilizas una barrita o un cono de incienso, se puede prender durante el ritual o cuando se encienda la vela gruesa. La vela estrecha y blanca debería estar tumbada en la mesa junto a su portavelas o el farol.

Mientras los participantes llegan a la zona del ritual, tendrán que dejar sus velas personales (ya colocadas en el portavelas) sobre la mesa del altar. Cuando estéis listos para empezar, todos tendréis que permanecer de pie en un círculo, en el mismo orden que estaréis cuando comience el ritual (las personas que hagan de guía y de ancla tendrán que estar juntos, para cerrar el lazo). Todos tendrán que mirar hacia la mesa del altar y darse la mano mientras se extienden en el círculo más grande que resulte cómodo según el espacio que haya. Cuando el círculo esté formado, podrán soltarse las manos.

Para comenzar a construir el dragón, el ancla irá al altar para coger su vela y el sujetavelas. Después, regresará a su lugar en el círculo de personas y colocará la vela en el portavelas en el mismo sitio donde estaba antes. Después, el ancla tiene que situarse junto al altar (enfrente de la vela estrecha sin encender) y mirar la vela gruesa y blanca. Con el ancla en su sitio, el dragón comienza a desenroscarse en espiral desde la cola.

La persona que se encuentre a la izquierda del espacio vacío del ancla tendrá que coger su vela y colocarla en su lugar en el círculo. Después, tendrá que ubicarse a la derecha del ancla, también mirando hacia la vela blanca y gruesa.

Una por una, cada persona tendrá que coger su vela, colocarla en su lugar del círculo, y después unirse a los demás alrededor del altar. A medida que más gente se va reuniendo alrededor del altar, recordad que estáis haciendo una única espiral, no una serie de círculos. Mientras la fila de personas rodea al ancla, debería continuar en forma de una cola única y sin divisiones. Una vez dentro de la espiral, todos deberían mirar al altar. Cuando la gente se acerque para coger sus velas, los demás tendrán que hacerles espacio para que puedan atravesar la espiral y llegar hasta el altar.

Mientras continuáis añadiendo más personas al dragón durmiente, este se desenroscará del altar formando una espiral. Si pudieras verlo desde arriba, parecería una espiral en el sentido contrario de las agujas del reloj, pero verás que el dragón emergerá de ella volando en el sentido de las agujas del reloj. En cuanto el guía esté en su sitio, comienza la verdadera diversión. El «guía» es ahora la cabeza del dragón, y el «ancla» es la punta de la cola del dragón. El guía debería hacer una señal de que ya está en su sitio para que el ancla pueda comenzar.

Si estáis utilizando incienso en barrita o en cono, el ancla deberá encender primero el incienso con la llama de la vela gruesa. Si utilizáis carbón, tendrá que añadir varios pellizcos de incienso a su superficie. Después, tendrá que invocar al dragón.

Gran dragón antiguo,
guardián de la calidez de la tierra,
portador de bendiciones,
te invocamos a la espiral
que hemos hecho en tu honor.

Entonces, el ancla tendrá que encender la vela estrecha del altar a partir de la vela gruesa. Si estáis utilizando un farolillo para velas, tendrá que insertar la vela dentro y cerrarlo. Entonces, el ancla tendrá que proclamar en voz alta:

Gran dragón, te ofrecemos esta llama del corazón
de nuestro altar para volver a encender tus fuegos dormidos.

Entonces, el grupo tendrá que responder con el mismo entusiasmo:

Gran dragón, ¡despierta!

Con gran cautela, el ancla tendrá que coger la vela y pasársela a la persona que tiene a la derecha, diciendo: «Bendiciones de la llama». Continuad pasando el portavelas o el farolillo a la derecha, ofreciendo cada vez que cambie de manos la bendición. Tened cuidado de no quemar a nadie si estáis utilizando una llama sin cubrir. Cuando el guía reciba la vela, esa persona se convierte entonces en la cabeza del dragón, y tendrá que decir:

Te invocamos, gran dragón antiguo,
para tomar la llama que ofrecemos,
para que despiertes del sueño de los días oscuros
y para que nos bendigas
mientras nos preparamos
para los días fértiles que se acercan.

Entonces, el grupo deberá recitar: «¡Despierta! ¡Despierta! ¡DESPIERTA!».

Sujetando el portavelas o el farolillo en alto, el guía dirá: «¡El dragón ha despertado y está listo para volar!».

¡Y ahora es el momento de que el dragón vuele! La cabeza hará un giro de 180 grados y, con el portavelas o el farolillo en la parte delantera de la fila, comenzará a moverse en el sentido de las agujas del reloj detrás del resto del dragón. Mientras la cabeza se mueve detrás de cada participante, esa persona también se girará para unirse al dragón volador.

Continuad desenroscando al dragón hasta que el ancla se haya unido al vuelo. Cuando el ancla se esté moviendo alrededor del círculo junto a todos los demás, el guía continuará trasladándose hasta llegar a su vela en el borde del círculo.

Mientras el guía se acerca al punto donde debe detenerse, el dragón entero debe ralentizarse. Cuando el dragón termine su vuelo, los participantes deberían estar junto a sus velas. El vuelo del dragón está completo cuando todos los participantes se encuentran junto a sus propias velas.

Cuando esto ocurra, el guía deberá sacar la vela alargada y estrecha del farolillo (si se está utilizando). A continuación, tendrá que proclamar:

El dragón está despierto y compartirá
la buena fortuna de su cálido fuego con todos nosotros.

Después, tendrá que arrodillarse y utilizar la vela para encender su vela personal. Cuando la vela del guía esté ardiendo, tendrá que pasarla a los demás siguiendo el sentido de las agujas del reloj. Todos encenderán sus velas de la misma forma. Cuando la vela del ancla esté ardiendo, tendrá que devolverle la vela estrecha al guía, que dirá:

Celebramos el despertar del dragón,
el heraldo de la primavera que se aproxima.

El dragón ha dado llamas
a nuestros planes para la primavera
y nos ha dado su bendición
a cada uno de nosotros.

Te damos las gracias, Gran Dragón Antiguo,
y esperamos que nos otorgues
la fuerza de tu llama
hasta que los días oscuros regresen.

Te damos las gracias por unirte a nosotros
y compartir tu calidez.

De una llama pequeña pueden nacer grandes fuegos.

Aunque sea de forma alborotada, los participantes podrán despedirse del gran dragón de la tierra y darle las gracias. Todo el mundo puede disfrutar de la energía del vuelo mientras sus velas arden. Compartir un banquete con tu grupo como forma de celebrar el ritual puede ser un fantástico cierre. De forma opcional, las velas personales se pueden extinguir (tened en cuenta las directrices de *Las tradiciones modernas*) en cualquier momento y los participantes podrán marcharse. Si estáis trabajando dentro de un círculo mágico, acordaos de disipar el círculo de forma adecuada antes de apagar ninguna vela.

El Imbolc es una época en la que podemos deshacernos sin peligro de las cosas que nos están refrenando. Es una época para abrazar el cambio. Podemos reflexionar sobre lo que ha sido y lo que podría haber sido. El Imbolc también es un tiempo de esperanza, y es el momento perfecto para hacer limpieza y prepararnos para los días más cálidos que tenemos por delante. Necesitamos deshacernos y soltar cualquier cosa que nos esté impidiendo avanzar; nos aguardan nuevos caminos e ideas.

Según donde vivas, este tranquilo sabbat puede celebrarse con una gruesa capa de nieve en el suelo, o semanas después de que los narcisos hayan florecido con los colores de la primavera. Sea cual sea el tiempo a tu alrededor, puedes encontrar formas de abrazar y celebrar la naturaleza sutil de este fascinante sabbat.

CORRESPONDENCIAS
PARA IMBOLC

from sleep, cleansing, sprouting seeds, fertility, transitions,
on, rebirth, transformation, youth, well-being, emergence, and
conal midpoint between the winter solstice and the vernal eq-
15 degrees of aquarius in northern hemisphere, sun at 15
outhern hemisphere, female; the goddess transforming from a
the goddess in the form of young mother tending to her grow
ed in the form of a child exploring the world, the innocence
e, Brigid, Aphrodite, Diana, Frianrhod, Artio, Athen-
Inanna, Juno, Selene, Vesta, Belu, Februus, Brage, E-
a Cecht, Dumuzi, Eros, light green: abundance, growth, fer
calming, new beginnings and prosperity, pink: harmony, ten-
on, love, spiritual healing, virtue, spring, honor, contentment,
peace, protection, healing, truth, divination, purification, c
vitality, creativity, communication, the sun, planning, psy-
angelica: balance, new beginnings, consecration, insight, pu-
success, basil: clarity, divination, love, money, protection,
ebberry: growth, attachments, fertility, intuition, prosperity,
namon: balance, blessings, courage, protection, purification,
protection, abundance, community, balance, with blee-

Concentración espiritual y palabras clave

Ahorro
Cambio
Comienzos
«Deleite infantil en todas las cosas» (Starhawk)
Despertar
Emergencia del sueño/hibernación
Fertilidad
Inocencia
Limpieza
Novedad/renovación
Paciencia
Preparación
Semillas que brotan
Transiciones

Concentración mágica y acciones sugeridas

Adivinación
Bienestar
Despertares
Emergencia
Juventud
Limpieza
Nacimiento/renacimiento
Protección
Transformación

Momentos astrológicos y planetas asociados

El punto astronómico intermedio entre el solsticio de invierno y el equinoccio de primavera, con el sol a 15° de Acuario en el hemisferio norte y a 15° de Leo en el hemisferio sur. Algunos paganos celebran el Imbolc en la fecha astronómica, mientras que otros se adhieren al 2 de febrero por una cuestión de tradición.

Arquetipos

FEMENINOS
La Diosa transformándose de Anciana a Doncella
La Diosa en forma de madre joven cuidando de su hijo en crecimiento

MASCULINOS
El Dios en forma de niño explorando el mundo
La inocencia de lo masculino

Deidades y héroes

DIOSAS
Brigid (irlandesa)
Afrodita/Venus (grecorromana)
Diana (etrusca/romana)
Arianrhod (galesa)
Artio (suiza)
Atenea (griega)
Danu (irlandesaa)
Gaia (griega)
Innana (hausa/África occidental)
Juno (romana)
Selene (griega)

Vesta (romana)
Selu (cherokee)

Dioses
Februus (romano)
Bragi (nórdico)
Cupido (romano)
Dian Cecht (irlandés)
Dumuzi (sumerio)
Eros (griego)

Colores

Amarillo: Alegría, vitalidad, creatividad, comunicación, el sol, planificación, habilidad psíquica, atracción.

Blanco: Limpieza, paz, protección, sanación, verdad, adivinación, purificación, infancia, inocencia.

Rosa: Armonía, ternura, afecto, amor, sanación espiritual, virtud, primavera, honor, alegría.

Verde claro: Abundancia, crecimiento, fertilidad.

Hierbas:

Ajenjo: Destierro, adivinación, trabajo con los sueños, perdón, superación de obstáculos, purificación.

Albahaca: Claridad, adivinación, amor, dinero, protección, fuerza, éxito.

Canela: Equilibrio, bendiciones, valor, protección, purificación, fuerza, éxito.

Grano: Protección, abundancia, fertilidad, comunidad, equilibrio, nacimiento/renacimiento, bendición.

Hierba del Espíritu Santo: Equilibrio, nuevos comienzos, consagración, percepción, purificación, estabilidad, éxito.

Junco: Acción, conciencia, confianza, crecimiento, sanación, inspiración, protección, unidad.

Mora/Zarza: Crecimiento, vínculos, fertilidad, intuición, prosperidad, protección, purificación.

Árboles

Cedro: Afecto, equilibrio, calma, claridad, comunidad, bendición, crecimiento, fertilidad, paz, purificación, éxito.

Endrino: Destierro, guía, obstáculos, protección, fuerza, magia.

Serbal: Autoridad, bendiciones, desafíos, devoción, adivinación, encantamiento, fertilidad, perdón, inspiración.

Sicómoro: Abundancia, comunicación, determinación, armonía, aprendizaje, amor, obstáculos, protección, estabilidad, sabiduría.

Flores

Azafrán: Atraer el amor, visiones, sobriedad y renacimiento.

Narciso: Calma, hadas, fertilidad, amor, perseverancia, magia, deseos.

Cristales y piedras

Amatista: Sueños, sanación, coraje, felicidad, equilibrio, comienzos, cambio, adivinación, crecimiento, renacimiento, transformación.

Turquesa: Atracción, equilibrio, claridad, compasión, coraje, sanación, mejora, fuerza interior, sabiduría.

Metales

Antimonio: Protección, escudo, energía y fuerza.

Latón: Equilibrio, inversión, seguridad y energías solares.

Oro: Autoridad, poder, éxito, sabiduría, luz/iluminación, purificación, fuerza, éxito.

Animales, tótems y criaturas míticas

Alondra: Una alondra cantando durante el Imbolc significa que la primavera llegará pronto.

Cisne: Despertar, belleza, gracia, inocencia, sueño, transformación, confianza. El cisne ha sido desde hace mucho tiempo un símbolo de cambio y transformación, representando incluso la transición entre la vida y la muerte.

Dragón: Equilibrio, desafíos, valor, creatividad, dignidad, iluminación, guardián, sabiduría y poder; el dragón está muy ligado a esta época del año y a la diosa Brigid.

Marmota: Comienzos, comunidad, ciclos, familia, renacimiento, adivinación, energías de la tierra; si la marmota ve su sombra durante el Imbolc, significa que la primavera llegará tarde.

Oveja: Abundancia, equilibrio, comienzos, nutrición, seguridad, apoyo; el Imbolc viene de la primera lactancia de las ovejas; una de las primeras señales de que se acerca la primavera.

Petirrojo: Cambio, crecimiento, augurios, deseos; el petirrojo suele ser la primera señal de la primavera. Muestra el fin del frío invierno y anuncia la llegada del sol y los días más cálidos.

Serpiente: Cambio, astucia, ciclos, renacimiento, sabiduría, encantamiento; dado que la serpiente renace después de mudar la piel, este animal representa los cambios y los nuevos comienzos. La serpiente también está muy asociada con la diosa Brigid.

Vaca: Abundancia, comodidad, nutrición, embarazo/parto, amor, hogar y calidez; la vaca es uno de los símbolos de la diosa Brigid.

Aromas para aceites, inciensos, mezclas de aromas o para hacer que floten en el aire

Albahaca
Benjuí
Canela
Cedro
Menta

Claves del tarot

La Emperatriz
La Estrella
La Muerte

Símbolos y herramientas:

Cruz de Brigid/Cruz de Santa Brígida
Muñecas de grano
Cama de Brid
Velas
Santa Brígida
Santa María
El caldero
Escoba
Silbato

Comidas

Frutas deshidratadas
Granos
Patatas
Harina de maíz

Carnes secas o en salazón
Queso
Comidas en escabeche o en lata
Frutos secos
Huevos

Bebidas

Todos los productos lácteos
Cerveza tipo ale
Hidromiel
Sidra

Actividades y tradiciones para practicar

Hacer una muñeca de grano o Cruz de Brigid
Hacer y/o bendecir velas
Hacer galletitas de la suerte
Dedicar nuevas herramientas mágicas
Bendición de animales
Bendición de nuevos proyectos
Adivinación
Fuegos artificiales

Actos de servicio

Limpiar la nieve o el hielo de los caminos públicos.
Buscar mantas para los más desfavorecidos.
Despejar y preparar un jardín comunitario o parterre de flores para plantar.
Limpiar la casa de una persona con limitaciones físicas.

Nombres alternativos del Imbolc en otras tradiciones paganas

Imbolc o *Imbolg* (gaélico, «en la tripa», refiriéndose a la primera leche del año de la oveja hembra)
Oimelc (sajón, «leche de oveja»)
Fiesta de Brighid
Lá Fhéile Bríde (irlandés)
Laa'l Breeshey (manés)
Fiesta de María de las Velas (galés)

Festividades o tradiciones que ocurren durante el Yule en el hemisferio norte:

RELIGIOSAS
Día de Santa Brígida (católica, 1 de febrero)
Presentación de Jesús en el Templo o Candelaria (cristiana, 2 de febrero, también conocida como Purificación de la Virgen María y Presentación del Señor Jesús).
Día de San Valentín (14 de febrero)
Lupercalia/Día de Pan (15 de febrero)
Luna de Leche/Luna de la Madre (varía, pero suele ser durante el Imbolc)
Festivales previos a la Cuaresma y el comienzo de la Cuaresma (católico, fechas variables entre el 4 de febrero y el 10 de marzo)
Paranirvana/Día del Nirvana (mahayana/budista, 8 de febrero o 15 de febrero)

PROFANAS
Día de la Marmota (2 de febrero)
Día de San Valentín (14 de febrero)
Año Nuevo Chino (variable)
Mardi Gras (variable)

Festividades o tradiciones que ocurren
durante el Yule en el hemisferio sur:

RELIGIOSAS

Festival de las Dríades (griego, 1-3 de agosto)
Nemoralia (romano, 13-15 de agosto)
Tisha B'Av (judío, en julio o agosto, fechas variables según el calendario lunar)
Día de la Asunción (cristiano, 15 de agosto)

PROFANAS

Día del Picnic (Territorio Norte de Australia, primer lunes de agosto)
Día Nacional de la Mujer (Sudáfrica, 9 de agosto)
Varios Días de la Independencia de América del Sur: 9 de julio (Argentina), 28 de julio (Perú), 6 de agosto (Bolivia), 10 de agosto (Ecuador), 25 de agosto (Uruguay), 24 de julio (nacimiento de Simón Bolívar, liberador de Venezuela, Colombia, Ecuador, Perú y Bolivia).
Día de los Héroes (varios países de África, julio/agosto).
Día de los Granjeros (varios países de África, julio/agosto).

MÁS LECTURAS

Si quieres ahondar más en los temas de este libro, hay muchos recursos estupendos a los que puedes recurrir para buscar más información. Encontrarás lecturas adicionales en la bibliografía. Lo que te presento aquí tan solo araña la superficie de la información existente, pero los libros del listado bibliográfico son la herramienta perfecta para aprender más.

Si te interesan las prácticas rituales, hay muchos títulos maravillosos que exploran con mayor profundidad no solo cómo se utilizan los rituales y los utensilios mágicos, sino también cómo se crean. Uno de los libros más populares de todos los tiempos sobre este tema es el maravilloso librito de Scott Cunningham *Wicca: A Guide for the Solitary Practitioner* (Llewellyn, 1988). Para conocer más sobre las historias que hay detrás de estos, puede que te interese el libro de Patricia Montley, *In Nature's Honor: Myths and Rituals Celebrating the Earth* (Skinner House, 2005). Si quieres una visión más enciclopédica de las herramientas rituales y su utilización, mi libro *The Magick Toolbox: The Ultimate Compendium for Choosing and Using Ritual Implements and Magickal Tools* (Weiser, 2004) es un buen punto de partida; en él aprenderás técnicas básicas y avanzadas para confeccionar tus propias herramientas.

Si sientes atracción por la adivinación, *Cunningham's Divination for Beginners: Reading the Past, Present & Future* (Llewellyn, 2003) es un punto de partida fantástico. El libro de P. Scott Hollander *Tarot for Beginners: An Easy Guide to Understanding & Interpreting the Tarot* (Llewellyn, 1995) te introducirá en el arte del tarot. Si tienes curiosidad por la astrología, *Magickal Astrology: Understanding Your Place in the Cosmos* (Career Press, 2008) de Skye Alexander es un buen libro para empezar.

Si quieres conocer más sobre la diosa Brigid, hay muchos títulos que pueden proporcionarte una mirada más profunda hacia una de las deidades principales de la espiritualidad celta. El libro de Michelle Skye *Goddess Alive: Inviting Celtic & Norse Goddess Into Your Life* (Llewellyn, 2007), *Celtic Goddess: Warriors, Virgins and Mothers* de Miranda Green (George Braziller, 1995), y *The Apple Branch: A Path to Celtic Ritual* (Citadel, 2003) de Alexei Kondratiev pueden guiarte por el camino sagrado de Brigid.

Si te interesa la celebración de los sabbats neopaganos, el primer lugar donde deberías buscar es en los demás libros de esta serie. Al igual que este, cada uno de los libros explora un *sabbat* diferente, tanto desde una perspectiva histórica como actual. Los libros de esta serie son una introducción excelente al significado y a las prácticas de cada uno de los ocho sabbats.

Muchos libros exploran todos los sabbats en un único volumen, pero no te proporcionarán una información tan completa como los libros individuales de esta serie, pero sí que sirven para ilustrar bien cómo la rueda del año une a todos los sabbats. *The Sabbats: A New Approach to Living the Old Ways* de Edain McCoy (Llewellyn, 1998) y *Celebrating the Seasons of Life: Samhain to Ostara* de Ashleen O'Gaea (Career Press, 2009) pueden darte una visión mucho más general de los sabbats y las relaciones entre ellos. También tengo que mencionar el libro de Ellen Dugan, *Seasons of Witchery: Celebrating the Sabbats with the Garden Witch* (Llewellyn, 2012), que se ha convertido en uno de mis nuevos favoritos.

Si te gusta indagar sobre las vidas de nuestros ancestros y sus creencias, puedes leer cualquier libro de Joseph Campbell, como *The Power of Myth* (Anchor, 1991) en el que obtendrás una visión clásica. Si buscas una perspectiva diferente, prueba con *Goddess: Myths of the Female Divine* de David Leeming y Jake Page (Oxford University Press, 1994). Y si quieres profundizar en una mirada verdaderamente académica, pero escrita por un profesor pagano de renombre, el doctor Ronald Hutton, recurre a *The Pagan Religions of the Ancient British Isles: Their Nature and Legacy* (Wiley-Blackwell, 1993).

Si te interesa la historia, hay unos libros excelentes sobre los orígenes del movimiento neopagano, y también algunos libros fundacionales que de hecho forman parte de su propia configuración. *The Spiral Dance: A Rebirth of the Ancient Religion of the Great Goddess* de Starhawk (HarperOne, 1979) es uno de esos textos fundacionales del paganismo moderno. El libro de Margot Adler, *Drawing Down the Moon: Witches, Druids, Goddess-Worshippers, and Other Pagans in America* (Viking Press, 1979), documenta la historia inicial del movimiento neopagano en América del Norte. El Doctor Hutton ha escrito también sobre este tema en su libro *The Triumph of the Moon: A History of Modern Pagan Witchcraft* (Oxford, 2001).

No podría enumerar todos y cada uno de los libros maravillosos sobre botánica que hay disponibles ahora mismo, pero si acabas de iniciarte en la jardinería y te interesa aprender, puedes empezar con *The New Western Garden Book: The Ultimate Gardening Guide* (Oxmoor House, 2012) o *Trowel and Error: Over 700 Tips, Remedies and Shortcuts for the Gardener* (Workman Publishing Company, 2002). La jardinería es una industria en sí misma, y los libros sobre el tema parecen infinitos. Estas obras pueden ser útiles para jardineros novatos y avanzados por igual, y te ayudarán a decidir en qué rama especializarte.

También hay algunos libros maravillosos sobre artesanía mágica. *Bewitching Cross Stitch* de Joan Elliott (David & Charles, 2008) es una de las muchas obras que te ayudarán a que tus manos creen objetos muy divertidos. Uno de mis libros de artesanía favorito es *Spell Crafts: Creating Magical Objects* de Scott Cunningham y David Harrington (Llewellyn, 1994). Su lectura me ha inspirado muchas veces para crear mis propios diseños de objetos originales de artesanía, además de los que recoge el libro. Y otro arte sobre el que se ha escrito de forma exhaustiva es la cocina. No voy a tratar de guiarte por el gigantesco mundo de los libros de recetas, pero si la cocina mágica te interesa, busca un ejemplar del libro de Cait Johnson *Witch in the Kitchen: Magical Cooking for All Seasons* (Destiny Books, 2001). Si quieres aprender todos los detalles mecánicos de cualquier clase de cocina imaginable, te sugeriría el popular y antiguo tomo de cocina norteamericana *The Joy of Cooking* de Irma Rombauer y Marion Rombauer Becker, en sus muchas, muchísimas ediciones (publicado por primera vez por Scribner, 1931).

BIBLIOGRAFÍA

Alexander, Skye. *Magickal Astrology: Understanding Your Place in the Cosmos.* Franklin Lakes, Nueva Jersey: New Page Books, 2008.

Buckland, Raymond. *The Witch Book: The Encyclopedia of Witchcraft, Wicca, and Neopaganism.* Detroit: Visible Ink, 2002.

«Chinese Spring Festival 2015: Tradition, History, Day-By-Day Guide», disponible en www.chinahighlights.com/travelguide/special-report/chinese-new-year; accedido el 20 de diciembre de 2014.

«Commercial Sheep Production», disponible en www.aces.nmsu.edu/sheep/management_systems/commercial_prod.html; accedido el 5 de diciembre de 2014.

Cunningham, Scott. *The Complete Book Of Incense, Oils & Brews.* St. Paul, Minnesota: Llewellyn Publications, 1989.

Cunningham, Scott. *Cunningham's Encyclopedia Of Crystal, Gem & Metal Magic.* St. Paul, Minnesota: Llewellyn Publications, 1987.

Cunningham, Scott. *Cunningham's Encyclopedia Of Magical Herbs.* St. Paul, Minnesota: Llewellyn Publications, 1985.

Cunningham, Scott. *Magical Herbalism*. St. Paul, Minnesota: Llewellyn Publications, 1998.

Cunningham, Scott. *Wicca: A Guide for the Solitary Practitioner*. St. Paul, Minnesota: Llewellyn Publications, 1988.

Ferguson, Anna-Marie. *A Keeper of Words*. St. Paul, Minnesota: Llewellyn Publications, 1995.

Gimenez, Diego. «Reproductive Management of Sheep and Goats», disponible en aces.edu/pubs/docs/A/ANR-1316/ANR-1316.pdf; accedido el 19 de diciembre de 2014.

«Groundhog Day History», disponible en www.groundhog.org/groundhog-day/history/; accedido el 24 de julio de 2014.

Hinshaw, Annette. *Earth Time, Moon Time*. St. Paul, Minnesota: Llewellyn Publications, 1999.

Hollander, P. Scott. *Tarot for Beginners*. St. Paul, Minnesota: Llewellyn Publications, 1995.

Illes, Judika. *The Element Encyclopedia of Witchcraft*. Hammersmith, London: HarperElement, 2005.

K, Azreal Arynn y K, Amber. *Candlemas: Feast of Flames*. St. Paul, Minnesota: Llewellyn Publications, 2001.

Kynes, Sandra. *Llewellyn's Complete Books of Correspondences*. St. Paul, Minnesota: Llewellyn Publications, 2013.

Leeming, David y Page, Jake. Goddess: *Myths of the Female Divine*. New York: Oxford University Press, 1994.

Luenn, Nancy. *Celebrations of Light*. New York: Atheneum Books for Young Readers, 1998.

McCoy, Edain. *The Sabbats: A New Approach to Living the Old Ways*. St. Paul, Minnesota: Llewellyn Publications, 1998.

Merrill, William y Ives Goddard. «Essays in Honor of William Curtis Sturtevant», *Smithsonian Contributions to Anthropology 44*. Washington, DC: Smithsonian Institution Press, 2002.

Montley, Patricia. I*n Nature's Honor: Myths and Rituals Celebrating the Earth*. Boston: Skinner House Books, 2005.

Morgan, Ffiona. *Wild Witches Don't Get The Blues*. Rio Nido, California: Daughters of the Moon Publishing, 1991.

Neal, Carl F. *Incense: Crafting and Use of Magickal Scents*. St. Paul, Minnesota: Llewellyn Publications, 2003.

O'Gaea, Ashleen. *Celebrating the Seasons of Life: Samhain to Ostara.* Franklin Lakes, Nueva Jersey: New Page Books, 2009.

Owen, Lara. «Imbolc: The Quickening of the Year», disponible en www. patheos.com/blogs/planetaryenergies/2013/02/imbolc-the-quickening-of-the-year; accedido el 22 de julio de 2014.

«Reproduction in the ewe», disponible en www.sheep101.info/201/ewerepro. html; accedido el 13 de diciembre de 2014.

«Sheep Gestation Table Lambing Date Calculator», disponible en www.tvsp. org/gestation.html; accedido el 13 de diciembre de 2014.

Skye, Michelle. *Goddess Alive: Inviting Celtic & Norse Goddess Into Your Life.* Woodbury, Minnesota: Llewellyn Publications, 2007.

Starhawk. *The Spiral Dance: A Rebirth of the Ancient Religion of the Great Goddess.* San Francisco: HarperSanFrancisco, 1979.

Thompson, Sue Ellen. *Holiday Symbols and Customs: Third Edition.* Detroit: Omnigraphics, Inc., 2003.

Walter, Philippe. *Christianity: The Origins of a Pagan Religion.* Rochester, Vermont: Inner Traditions, 2006.

Wigington, Patti. «Groundhog Day», disponible en Paganwiccan.about.com/od/imbolcfebruary2/p/GroundhogDay.htm; accedido el 24 de julio de 2014.

NOTAS

1. Gimenez, Diego. «Reproductive Management of Sheep and Goats», disponible en www.aces.edu/pubs/docs/A/ANR-1316/ANR-1316.pdf.

2. «Reproduction in the ewe», disponible en www.sheep101.info/201/ewere-pro.html; "Commercial Sheep Production", disponible en www.aces.nmsu.edu/sheep/management_systems/commercial_prod.html; «Sheep Gestation Table Lambing Date Calculator», disponible en www.tvsp.org/gestation.html.

3. «Venerable Brigid (Bridget) of Ireland», disponible en oca.org/saints/lives/2000/02/01/100406-venerable-brigid-bridget-of-ireland.

4. *The Element Encyclopedia of Witchcraft*, 300.

5. Ibid.

6. *The Witch Book: The Encyclopedia of Witchcraft, Wicca, and Neo-paganism*, 99.

7. *Encyclopedia of Spirits*, 866-867.

8. «Chinese Spring Festival 2015: Tradition, History, Day-By-Day Guide», disponible en www.chinahighlights.com/travelguide/special-report/chinese-new-year

9. *Holidays, Symbols, and Customs*, 82–83.

10. *Candlemas: Feast of Flames*, 16.